了不起的中国历史人物

杜晓宇/编著
舒春 刘向伟/绘

写给孩子的
# 科技先驱

新疆青少年出版社

**图书在版编目（CIP）数据**

写给孩子的科技先驱 / 杜晓宇编著；舒春，刘向伟绘 . -- 乌鲁木齐：新疆青少年出版社，2023.11

（了不起的中国历史人物）

ISBN 978-7-5590-9896-2

Ⅰ . ①写… Ⅱ . ①杜… ②舒… ③刘… Ⅲ . ①科学家 - 生平事迹 - 中国 - 古代 - 青少年读物 Ⅳ . ① K826.1-49

中国国家版本馆 CIP 数据核字 (2023) 第 194160 号

了不起的中国历史人物
# 写给孩子的科技先驱
Xiegei Haizi De Kejixianqu

杜晓宇 / 编著　舒春　刘向伟 / 绘

| | |
|---|---|
| 出 版 人： | 徐　江 |
| 策　　划： | 许国萍　张红宇　责任编辑：张红宇　刘悦铭　助理编辑：胡伟伟 |
| 装帧设计： | 舒　春　　　　　美术编辑：邓志平 |
| 法律顾问： | 王冠华 18699089007 |

出版发行：新疆青少年出版社有限公司
地　　址：乌鲁木齐市北京北路 29 号（邮编：830012）
网　　址：http://www.qingshao.net
经　　销：全国新华书店
印　　制：天津博海升印刷有限公司
开　　本：710mm×1000mm　1/16
印　　张：8.5
版　　次：2023 年 11 月第 1 版
印　　次：2023 年 11 月第 1 次印刷
印　　数：1-5 000 册
字　　数：70 千字
书　　号：ISBN 978-7-5590-9896-2
定　　价：38.00 元

制售盗版必究　举报查实奖励：0991-6239216　　版权保护办公室举报电话：0991-6239216
服务电话：010-58235012　010-84853493　　　　如有印刷装订质量问题 印刷厂负责调换

了不起的中国历史人物
**科技先驱**

# 目录

## 序

- 【春秋】鲁班　002
- 【战国】李冰　010
- 【东汉】蔡伦　024
- 【东汉】张衡　032
- 【南北朝】祖冲之　046
- 【唐朝】一行　058
- 【北宋】沈括　068
- 【北宋】毕昇　080
- 【元朝】郭守敬　090
- 【明朝】徐光启　102
- 【明朝】宋应星　116

# 序

（马勇，中国社会科学院近代史研究所研究员）

早些天，张弘先生发来这套书稿，嘱我为之撰写序言。

这套"了不起的中国历史人物"丛书是新疆青少年出版社承担的"十四五国家重点出版物"出版项目。据出版者介绍，全套书共八册，以故事的方式介绍了在中华民族历史长河中曾作出杰出贡献的几十位历史人物，他们涉及文史哲、政经法，以及科学、艺术等诸多领域，读者对象为广大的少年儿童。翻阅书稿，自己竟然沉浸其中。流畅的文字、严谨的结构、清晰的叙事及可信的史料，构成了这套书的基本面貌和上乘品质，多幅生动的插画进一步提升了阅读感受，相信会受到少儿读者的欢迎。

如何向少年儿童讲述中国历史，一直是摆在历史学家面前的难题。过去几十年，学术界做过不少探索，成绩固然可喜，但其中的不足与教训也值得反思：

一是写作者低估阅读者的知识水平和鉴赏力，具体体现为作品立意与格调不高、文字表述不够严谨、过于口语化和网络语言化、内容缺乏史料支撑且野史当道。这种看似迎合读者的做法，其实是对读者的不尊与伤害。多年来，我不懈地建议那些立志向青少年普及中国历史知识的作者们，一定要用平等的视角尊重对待青少年读者，一定要相信新一代读者的知识储备与阅读能力，一定要在作品上下足功夫，因为我很清楚，少儿知识读物的创作，其难度大于成人读物，优秀的儿童知识读物作家，一定是能够把专业知识吃透，并能够用通俗易懂的方式进行讲解的学术大家，例如吴晗、林汉达等。所以，少儿知识读物的创作者需始终保持敬畏的心态，去了解你的读者、尊重你的读者，全心全意为他们服务，只有这样，你的作品才能赢得小读者的青睐。

二是讲述与呈现的方式方法有待提高。中国历史知识的大众化、普遍化，并不是我们这几十年才有的课题，甚至可以说是中国历史学的永恒主题。司马迁的《史记》就不必说了。宋元以来，伴随经济和城市的发展，大众化的历史读物深刻影响了中国人的历史观，这些读本流传至今，依然经久不衰。例如三国故事、隋唐故事，以及不胜枚举的话本、唱词和历史小说。这些作品潜移默化地让读者在不经意中记住了历史，记住了典故，丰富了历史知识，建构了自己的历史观，这些经验都值得新一代历史书写者去揣摩、消化、发展与创新。

"了不起的中国历史人物"的写作者正是汲取了以往此类图书创作的经验和教训，并基于自己的学识背景，结合对中国历史人物最新的史料研究成果，采用了较易贴合少儿读者接受能力和阅读兴趣的形式，把中国历史上的这些了不起的人物用深入浅出的方式一一道来。我以为这种方式和方法是正确的，值得深入研究并予以推广。

　　此外，我颇为赞同的是这套书的系列名——"了不起的中国历史人物"，它直白地宣示了我们对中国历史的尊重。尊重先人的贡献，就是尊重我们自己的历史。中国历史学强调为尊者讳，就是告诉后人，要充满温情与敬意去看待自己祖先的功绩。只有记住了那些"了不起"，才会增进我们的民族自豪感，激活内心的创造动能。历史是一个接力过程，也是一代又一代人接续奋斗的历程。重温中国历史上那些"了不起"的人物，必会增添后人追慕祖先、继续奋斗的勇气与力量。

　　与亲爱的读者共勉，是为序。

历史是一门常说常新的学问,历史研究是主观性极强的一门学问,除了史料,研究者的经验、阅历、知识、视野,都在制约或影响历史的复原。

姓名 / 鲁班

朝代（时期）/ 春秋

出生地 / 鲁国

出生时间 / 公元前507年

逝世时间 / 公元前444年

主要成就 / 中国古代杰出的发明家，土木工匠的祖师

**鲁**班善于巧思，被誉为木匠行业的开山鼻祖。他发明了曲尺、墨斗、刨子、钻等工具。《述异记》记载有鲁班制作的中国最早的石刻立体地图——禹九州图；他的工匠形象在民间被神化和智慧化，他的工匠精神和价值观永远为世人传颂。

**壹** 生于春秋时期，复姓公输，人称公输盘。

**贰** 发明榫卯结构。

**叁** 受师父墨子启发，发明曲尺、墨斗等工具。

**肆** 其妻子发明雨伞。

**伍** 善于巧思，被誉为木匠行业的开山鼻祖。

## 鲁班的发明

鲁班，春秋时期鲁国人，复姓公输，名般，又称公输盘、鲁般等。因"般"和"班"同音，古时通用，故惯称鲁班。

在古代，人们在建造房屋时，上梁是很关键的一个环节。一次，一个叫王恩的人和几个工匠揽下了一个盖房的活。在给正堂做梁的时候，因为手艺不精，王恩愣是把屋主选好做大梁的榆木给锯断了。这下可把大伙急坏了，一时不知如何是好。正巧这时鲁班路过，王恩赶紧把他请了过来。鲁班仔细看了看被锯断的木头，认真测算了一下，一会儿在这根木头上凿个凹槽，一会又在另一根木头上凿出个凸起。他将凹凸不同的两根木头相互一搭，然后用锤

## 科技先驱

子敲了敲，竟然将梁木拼搭得严严实实，不露一丁点儿缝隙，简直浑然一体，看傻了众人。

鲁班告诉他们，木头凹的地方叫"卯"，凸的地方叫"榫"，利用榫卯结构就可以使房屋稳如泰山。见断梁巧接，大伙儿高兴得手舞足蹈，特意把一条红绸缎缠在梁上，然后放起了鞭炮。在一片鞭炮声中，大伙儿将大梁稳稳地架了起来。直到今天，凡起房建屋，大家还会沿袭"屋梁挂红"的习俗，以求平安吉利。

春秋时期，诸侯各据一方，常年因争夺土地进行争斗，甚至发展成大规模的战争，百姓因此苦不堪言。一次，为攻打宋国，楚王请来鲁班为楚国制造攻城的云梯。凭着娴熟的技巧和灵活的思维，鲁班很快就造出了云梯。他的老师墨子得知这个消息后，赶了十天的路来到楚国，劝说楚王放弃攻打宋国。他和鲁班在楚王面前模拟了攻防战，鲁班用尽了器械也没能破解墨子的守御战术。最后，楚王放弃了攻打宋国的计划。

在《墨子·鲁问》中还记载着另外一个故事：鲁班用竹木做了一只喜鹊，完成之后竟然让它飞了起来，三天都没从天上落下。鲁班很得意，觉得自己的手艺非常精巧。墨子却对他说："你做的竹鹊还不如匠人做的车轴上的销子，这种只用很短的时间就能削成的三寸木头，能使车载

上五十石重的东西。"所以，平常做的事情，有利于人的才是精巧；不利于人的，就叫作拙劣。

鲁班深受老师墨子的启发，决定把更多的智慧用在生产生活当中。据说，曲尺、墨斗、刨子、钻等工具就是鲁班发明的。

## 母亲、妻子助鲁班

除了墨子，鲁班的母亲和妻子给他的帮助也很大。

鲁班用墨斗画线时，母亲会帮他拉住线的一端，而他控制另一端。这样每次用墨斗画线都需要他母亲帮忙，很不方便。经过多次尝试和修改，鲁班终于找到了解决问题的办法：他在线的一端拴上了一个小弯钩，当需要用墨斗放线时就用小弯钩钩住物体。这样，一个人就可以进行放线操作了。后来，工匠们为了纪念这个创意，就把小弯钩叫作"班母"。

鲁班的妻子和鲁班一样，也是一位能工巧匠。以前，鲁班在推刨木头的时候，必须让妻子在长凳的一端用力抵住木料，避免木料在刨的过程中乱跑，但这种方法效率很低。于是，鲁班的妻子动脑筋想了一个能够固定木料的好办法：她在长凳的一端设计了一个可以挡住木料的木橛子，

## 科技先驱

大大节省了人力。后来,人们就把这个用来顶住木料的木橛子称为"班妻"。

在没有雨伞的年代,人们出门干活,一旦赶上下雨就会很狼狈。为了方便大家出行,鲁班修建了供人们避雨的亭子。不过,修建亭子需要耗费大量的财力和物力,如何才能做出跟亭子一样能遮风挡雨,又能随身携带的用具呢?为此,鲁班的妻子发明了一种十分方便的工具:她根据亭子的外观和结构设计了伞骨,又经过无数次测试,做

【春秋】鲁班 【战国】李冰 【东汉】蔡伦 【东汉】张衡
【南北朝】祖冲之 【唐朝】一行 【北宋】沈括 【北宋】毕昇
【元朝】郭守敬 【明朝】徐光启 【明朝】宋应星

出了能够抵挡雨水的雨伞。这样，再遇到下雨的时候，人们就不用担心被雨淋湿了。

所以，鲁班的成就不仅仅是他个人智慧的结晶，这其中也包含了他母亲和妻子的心血与劳动。

## 后世影响

鲁班一生都在提高自己的工艺技术水平，他的坚韧与执着也一直影响着我们。由中国建筑业联合会颁发的建筑质量最高奖被称作"鲁班奖"（全称为"建筑工程鲁班奖"），此奖是建筑业的最高荣誉，也是建筑业质量至上的象征。

鲁班文化所蕴含的价值观念和职业态度依然是今天工匠精神的重要内容，对当代工匠的培育仍然具有很大的启发和借鉴意义。

## /知识链接

**鲁班锁**

相传,鲁班为了测试儿子是否聪明,便根据中国古代建筑中首创的榫卯结构,用六根木条创造了一种可拼可拆的玩具,结果儿子用了整整一个晚上的时间才拆开。后来,这种玩具逐渐流行起来,被称为鲁班锁。民间也有人认为,这种玩具是三国时期诸葛孔明根据八卦原理发明的,所以也被称为孔明锁或者八卦锁。

鲁班锁内部结构十分巧妙,一般都是易拆难装的,需要仔细观察,认真思考,分析其内部结构,才能顺利组装。常见的鲁班锁为六根组合,其次为九根组合,依照不同的榫形,甚至可以变出多种形态。

2021年10月18日,夏焱打破了最快组装鲁班锁项目的吉尼斯世界纪录,用时5.37秒。

姓名／李冰

朝代（时期）／战国

出生地／不详

出生时间／不详

逝世时间／不详

主要成就／中国古代最具智慧的工程师，设计并组织建造了堪称世界奇迹的都江堰水利工程

公元前256—前251年,李冰被秦昭王任为蜀郡(今成都一带)郡守。任职期间,他征发民工在岷江流域兴办了多项水利工程,其中以都江堰水利工程最为著名。两千多年来,都江堰一直发挥着巨大的作用,是世界水利史上绝无仅有的一项伟大水利工程。

生于战国时期,学识渊博,知晓天文地理,精通水利。

入蜀考察,寻找洪水泛滥的症结。

开凿玉垒山。

建成都江堰。

岷江水患彻底根除。

## 入蜀考察

巴蜀地区地处中国西南，有"泽国""赤盆"之称。岷江从四川松潘县岷山南麓海拔3400米高的源头一路急流而下。江水夹带着大量的泥石，奔腾咆哮，冲进成都平原，洪水季节常常形成水涝，但成都平原东部地势较高，江水无法进入，又极易形成旱灾。于是，蜀地人民世世代代与岷江水患进行了长期不懈的斗争。

公元前256年，秦昭王任命李冰为蜀郡（今成都一带）郡守。李冰学识渊博，知晓天文地理，精通水利。上任后，看见当地百姓备受水旱灾害的折磨，李冰深感不安，决心改变这种状况。他首先对岷江造成灾害的原因进行了调查考察。他来到岷江边的汶川，发现汶川四面的城墙厚度不一样。当地人告诉他，这里临水一面的城墙要比其他三面厚，是为了防洪。汶川几乎每年都要发洪水，但因汶川两边有大山，挡住了江水，又有厚重的城墙保护，所以没有造成重大的灾害。但到了灌县附近，那里地势平缓，岷江

## 科技先驱

进入后,水势变得浩大起来,往往冲决堤岸,泛滥成灾;而且从上游挟带来的大量泥沙也容易淤积在这里,抬高河床,加剧水患。

了解了汶川和灌县的基本情况后,紧接着,李冰不辞辛苦,又带人沿岷江逆流而上,对沿岸数百里的地形地貌进行实地考察,了解水情、地势等情况。

通过研究、对比与分析,李冰终于找到洪水泛滥的症结所在——岷江上游以高山峡谷为主,水量充沛,奔腾不息,沿江堤岸会受到很大的冲击。一旦堤岸抵挡不住巨大的水势,就很容易发生洪灾。当水势浩大的岷江流到灌县,就进入了平原,这时河道变得又平又宽,江水流速也慢了下来,从上游冲带下来的泥沙石块在河床里沉积下来,河床逐渐升高,水灾就会频繁发生。而当岷江江水向东流到灌县西南时,因被玉垒山阻挡,便不再畅通无阻。

由于这种特殊的地理结构,灌县玉垒山的东边因缺水经常发生旱灾,山的西边又因水势汹涌经常发生水灾。李冰认为,以往的水利工程都是绕开玉垒山修建因而效果不佳。他认为,要彻底治理好岷江的水患必须将玉垒山打通。于是,李冰开始认真分析、研究对策,亲自制订了详尽、周密的方案,为打通玉垒山作准备。

## 凿石开山

开凿玉垒山是都江堰工程量最大，也最为艰苦的关键工程。两千多年前，在既没有炸药又没有钢钎等工具的条件下，开凿的困难之大，可想而知。李冰带领民众日夜奋战，花费了大量的人力和物力，但由于玉垒山山体非常坚硬，工程进度十分缓慢。

李冰号召参与工程的能工巧匠为开山进言献策。这时，有经验的工匠向李冰提出用火烧石的办法。这个方法首先要在坚硬的岩石上挖出沟槽，之后用火烧石体直至通红，再将冰冷的江水浇在岩石上，石体便会自行炸裂。

这个方法试用成功后，被广泛应用在施工中，大大加快了施工进度，使得人们信心大增，竭尽全力开凿玉垒山。最终，在众人的不懈努力下，玉垒山被凿出一道约20米宽的缺口，这道口子因形似瓶口也被人们称为宝瓶口。宝瓶口是都江堰的主体工程之一，它旁边与玉垒山山体分离的山丘则被称为离堆。

## 建成都江堰

在岷江筑造分水堰是李冰都江堰设计规划中的一个重

# 科技先驱

要步骤。这样做可以对岷江水流量进行有效控制，既保证了岷江流域的农田水利灌溉，又可以通过分洪降低季节性洪水灾害的影响程度，从而兼顾了灌溉与防洪的需要。

但是，要在水流湍急的岷江江心位置筑造分水堰，难度可想而知。一开始，李冰的造堰团队将大量的石块投入江中，希望通过累积石块的办法来阻断水流。然而，湍急的岷江水将石块全部冲走，累积的石块根本露不出水面，投石的方法失败了。李冰吸取了失败教训，认为石块的重量相对于水流的冲击力还是太小，如果能加大石块的重量，那么石块被冲走的概率就会降低。

李冰想到岷江流域盛产竹子，可以用竹笼将石块聚集在一起，从而增加一次性投入江中石块的重量。于是，李冰请当地竹工用竹子编成宽为两尺、长为三丈的巨大竹笼，在竹笼里填满大石块和鹅卵石，然后投入江中。比原来增加了几倍重量的石块竹笼完全可以抵抗水流的冲力，它们累积在一起很快构筑了一道坚固的分水堤堰。这条分水堤堰的前端形如鱼头，因此也被称为鱼嘴。

流入宝瓶口的江水被有计划地分流进入大小不一的十多条河渠，在成都平原形成一个交错纵横的农田灌溉区，极大促进了当地农业生产的发展。

都江堰工程基本完工后，为了让这一水利设施时刻保

## 科技先驱

持良好的运行状态,每年李冰都会组织人员对都江堰进行一次年修。

经过年复一年的年修,以及多次的经验总结与实践摸索,李冰总结出六字原则:深掏滩、低作堰。

所谓深掏滩,即在河床挖淤泥的时候,要尽量挖得深、挖得多,以防止江水水位常年过低导致农田灌溉用水不足。

所谓低作堰,即是指飞沙堰的堰顶不能堆砌得太高,以防止成为泄洪的不利因素,影响成都平原的粮食收成。

李冰带领川西民众建成的都江堰无坝水利工程,利用地势的高差形成了一套完整的自流灌溉系统,使岷江水患得以彻底根除。

都江堰建成后,蜀地发生了翻天覆地的变化。都江堰为成都平原经济、社会、文化的发展奠定了坚实的基础。东晋时期著名的史学家常璩(qú)在《华阳国志》上记载了都江堰建成后的景象:"蜀沃野千里,号为陆海,旱则引水浸润,雨则杜塞水门,不知饥馑,时无荒年,天下谓之天府也"。四川天府之国的美名从此流传下来,成都平原也成为全国的鱼米之乡。都江堰这条水道,还使当地的岷山大竹、木材、中药材、蜀锦等各种特产和重要物资得以与各地交流,使成都很快成为四川,乃至中国西南地区经济、文化、交通等的中心枢纽,成了全国工商业和交通极为发

了不起的中国历史人物

达的大城市。据载，汉朝时期成都人口仅次于京都长安。

## 充满智慧的工程

在中国古代，以灌溉为主的大型水利工程，除了都江堰以外，同期还有西门渠和郑国渠，并称为中国三大古渠。西门渠（又称漳水十二渠）是大约公元前422年建造的；郑国渠是秦朝时期修建的。后来，它们都因为战乱等原因被彻底破坏。

在中国水利史上，只有都江堰的建筑历史最为悠久。两千二百多年来，经历了无数自然、社会、战争、经济等各种因素变化的严酷考验，当地许多水库、大坝、建筑、房屋等都受到不同程度的破坏，只有都江堰处之泰然，至今仍完好运行，这不仅在中国，乃至世界水利史上都是独一无二的奇迹。

二十世纪七十年代，成都科技大学（现四川大学）水利系与当地水利部门合作建立了一套1∶60的都江堰现代水力学定床实验模型，对都江堰的水、沙、洪等运行状况进行了精确测定，结果显示，都江堰已经达到了"水旱从人"的境界，它完全符合现代水力学的运行原理和规律，而现代水力学成为水利科学中一门独立分支学科的历史，至今不

## 科技先驱

到三百年，可见都江堰水利工程的科学水平之高，实属罕见。这也证明了它确实是世界上先进且成功的无坝水利工程，是世界水利史上杰出的代表之一。

【春秋】鲁班　【战国】李冰　【东汉】蔡伦　【东汉】张衡　【南北朝】祖冲之　【唐朝】一行　【北宋】沈括　【北宋】毕昇　【元朝】郭守敬　【明朝】徐光启　【明朝】宋应星

/诗歌链接

## 石犀行

唐 · 杜甫

君不见秦时蜀太守，刻石立作三犀牛。

自古虽有厌(yā)胜法，天生江水向东流。

蜀人矜夸一千载，泛溢不近张仪楼。

今年灌口损户口，此事或恐为神羞。

终藉堤防出众力，高拥木石当清秋。

先王作法皆正道，鬼怪何得参人谋。

嗟尔三犀不经济，缺讹只与长川逝。

但见元气常调和，自免洪涛恣凋瘵(zhài)。

安得壮士提天纲，再平水土犀奔茫。

**译文：** 蜀郡太守李冰兴修水利时，曾雕刻五头石犀牛以镇江水。虽然自古就有一物降一物的说法，但江水还是向东奔流不止。当地人总是夸耀石犀能治水，说即便洪水泛滥也淹不了张仪楼。可当年灌江口发洪水，淹没了多少人家，镇水之神恐怕都会为这件事感到羞耻吧。

说到底，防洪还是要靠众人出力，用木石泥土修筑堤坝。大禹治水靠的可不是什么诡话邪怪，而是疏导河流。五头石犀能起什么作用呢，它们终究只能随流水而去。只有自然界阴阳二气调和，才可以免除洪水带来的祸患。谁人能掌握天地万物的规律啊，好让流水不再成灾，石犀早日消亡。

姓名／蔡伦

朝代（时期）／东汉

出生地／桂阳郡耒阳（今湖南耒阳）

出生时间／约公元62年

逝世时间／公元121年

主要成就／改进了造纸术，促进了文化交流，推进了世界文明的发展

**蔡**伦是造纸术的革新者，他总结前人经验，改进造纸工艺，造出了既轻薄柔韧，又取材容易、价格低廉的纸，对推进中国乃至世界文明的发展作出了巨大的贡献，得到了世界人民的尊敬和爱戴。著名学者章炳麟曾评价蔡伦为湖南自古以来的第一人。

**壹** 生于东汉冶铸世家，少有才名。

**贰** 被选入洛阳，成为宦官。

**叁** 功绩显著，加官封侯。

**肆** 改进造纸术，全国推广。

**伍** 在权力斗争中，自尽而亡。

## 宦官生涯

蔡伦出身于一个冶铸世家，祖上世代都以打铁为生。卫飒升任桂阳郡太守后，在桂阳设置了负责铸铁的官员，蔡家因此与朝廷官员有了一些联系。

小时候，蔡伦曾在一处被称作"石林"的乡学读书，学习《周礼》，品读《论语》，他学得很快，成绩也很不错，在乡里逐渐有了些名气。

汉明帝永平末年（公元75年），蔡伦被选入皇宫，当了宦官。开始的时候，蔡伦是在皇宫旁舍嫔妃所居的掖庭当差，可没过几年就被升任成了小黄门，职责是侍从皇帝左右，收受尚书奏事，传宣帝命，掌宫廷内外、皇帝与后宫之间的联络。秦汉时，由于宫门多漆成黄色，所以称为"黄门"。

公元89年，汉章帝驾崩，刘肇即位，是为汉和帝，窦太后临朝听政。蔡伦因早年投靠窦太后，办事尽心尽力，被擢拔为中常侍，成了传达诏令、掌理文书、参预政事的高等宦官，秩俸（根据功过确定的官员俸禄）二千石。

## 科技先驱

公元107年汉安帝继位，因皇帝年幼，仍由邓太后临朝。汉安帝元初元年（公元114年），因蔡伦久侍宫中，功绩突出，被封为龙亭侯，领三百户的封地。之后，蔡伦又被任命为长乐太仆，位列九卿。

公元117年，安帝认为历代经书很多不是校正的定本，就挑选精通儒家经典的大臣、学士集中于东观（汉代皇家藏书之所），校勘诸子百家之文、传记、艺文和汉王朝的律法

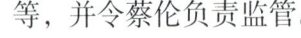

等，并令蔡伦负责监管。

　　汉安帝亲政后，蔡伦当初受窦皇后指使参与迫害宋贵人的事情败露，皇帝命他到廷尉衙门受审，接受朝廷严格的盘查和追究。建光元年（公元121年），年近六旬的蔡伦不愿受辱，自尽而亡。

科技先驱

# 改进造纸术

蔡伦的最大贡献，在于改进了造纸术。造纸术是中国古代的四大发明之一，对于促进文化交流，推进中国乃至世界文明的发展具有重要作用。

在纸没有被发明以前，中国使用的书写材料主要有甲骨、竹简、木简、缣（jiān）帛等，甲骨的来源有限，刻字、携带都不方便。商代以后，甲骨基本退出了书写材料的行列。缣帛是蚕丝制成的丝织品，虽然书写、携带都很方便，但数量稀少，价格昂贵，作为书写材料成本太高。秦汉时期，竹简和木简成了常用的书写材料，但要将一整部书的文字都写在经过刮削修整的竹木条上，要耗费很多木材，而且竹简和木简都很重，携带起来非常不方便。

因此，人们一直在寻找一种新的书写材料。

西汉初年，坊间出现了用废旧麻头为原料制成的麻类植物纤维纸。1957年，在西安灞桥古墓中出土的"灞桥纸"，其年代不晚于汉武帝时期；1986年，甘肃天水市放马滩西汉墓中出土的绘有地图的麻纸，年代大约在西汉文景时期（公元前179—前141年）。

蔡伦在麻类植物纤维纸的基础之上，组织了高级麻纸的生产和推广工作，促进了造纸术的发展。他用树皮、麻

头、粗布以及渔网当制作原料，通过"沤、挫、捣、抄"等多道复杂的工艺进行造纸。

功夫不负有心人，经过十多年的辛勤探索和反复实践，蔡伦终于获得了成功。

公元404年，朝廷下令以纸代简，简牍文书从此基本绝迹，纸得到广泛流行，成了普遍使用的书写材料。蔡伦的造纸术不仅在全国推广、应用、发展，还传到了世界各地。蔡伦的创造和革新，大大加速了中国和世界文明的历史进程。

## 知识链接

在纸张尚未发明、普及的时候,中国一般用甲骨、竹简、木简、缣帛作为书写材料,那么四大文明古国的其余三国,都是以什么作为书写材料的呢?

### 古巴比伦:泥板、石头、蜡板

古巴比伦人曾长期以泥板作为书写材料,他们用削尖的芦苇秆或者木棒,在泥板上刻字,然后将其烘干,以便保存。此外,古巴比伦人还会在石头或者蜡板上刻字,著名的《汉谟拉比法典》就是刻在石头上的。

### 古印度:石头、树叶、树皮

目前已知的印度最早的文明是哈拉巴文明,在哈拉巴文明遗址中出土了许多刻有符号、图案的印章,这些印章多用石头制成,可见古印度人早期的书写材料是石头。哈拉巴文明消亡后,古印度人多以树叶、树皮作为书写材料。

### 古埃及:莎草纸

在尼罗河三角洲地区盛产着一种植物,名叫纸莎草,这种植物易于生长,不仅可以食用,还可以经过简单地加工处理,制成麻绳,或者类似于纸张的书写材料,称为莎草纸。莎草纸造价低廉,便于携带,曾广泛传播到欧洲和西亚地区,直到我国造纸术西传,才退出了历史舞台。

张衡

姓名／张衡

朝代（时期）／东汉

出生地／南阳郡西鄂县（今河南南阳石桥镇）

出生时间／公元78年

逝世时间／公元139年

主要成就／开创了中国天文、地理研究之先河，发明了地动仪

**张** 衡，中国东汉时期著名的天文学家、数学家、发明家、地理学家和文学家。他勤学好思、知识渊博，在天文历法、科技、文学、绘画等诸多方面都作出了卓越的贡献，还发明创造了"浑天仪""候风仪"等科学仪器。

**壹** 生于东汉仕宦家庭，生活清苦，敏而好学。

**贰** 受南阳郡太守鲍德赏识，步入仕途。

**叁** 写出中国第一部重要的天文学理论著作——《灵宪》。

**肆** 发明候风地动仪。

**伍** 创作了不朽名篇，如《思玄赋》《二京赋》等。

了不起的中国历史人物

## 求学与仕宦

张衡，字平子，东汉南阳郡西鄂县人。由于他晚年曾做过三年的河间相，人们又称他为张河间。张衡的家族世代为当地的大姓。他的祖父张堪，从小就志高力行，曾担任过蜀郡和渔阳郡的太守，立有大功，为官清廉，是当地有名的人物。但在张衡出生时，张堪早已病故，而历史上并没有关于张衡父亲的相关记载，只知道张衡小时候的生活比较清苦。

张衡像他的祖父一样，敏而好学，年少时熟读了《诗经》《尚书》《礼记》《易经》《春秋》等经典著作。长大后，他决心出外远游，了解社会，寻求知识。他游历了以都城长安为中心的京兆、左冯翊、右扶风三辅的繁华地区，随后再入京师，观太学，结识了扶风马融、平陵窦章和涿郡崔瑗等著名学者。

当时，东汉王朝已开始走向衰败，豪强世族垄断国家政权，而一般的知识分子处于被压制的地位，很难得到提拔升迁。张衡虽然出生于官宦之家，但他的家族并非世

## 科技先驱

家豪族，他本人又不善钻营，因而仕途坎坷，久居下位。二十三岁时，张衡受到南阳郡太守鲍德的赏识，被邀回南阳郡做了鲍德的主簿，掌管文书工作。公元111年，朝廷征召张衡进京，拜为郎中，后升任太史令。后来张衡虽被调动他职，但最终又任太史令，前后达十四年之久。

张衡不慕当世的功名富贵，担任官职往往多年都不得迁升。汉顺帝永建元年（公元126年），他在调离太史令五年后又被任命为太史令，于是有人嘲笑他多年没有加官晋爵，张衡却心安理得地说："我不在意官位的高低，却在意德行的高下；不在意俸禄的高低，只以知识浅薄为耻。"这充分显示了张衡蔑视官位利禄，渴望追求真理的高贵品质。他的科学成就，大多产生于这个时期。

## 进步的宇宙观

关于天地是怎么来的，在我国古代并存着几种宇宙结构理论。其中，以盖天说和浑天说最为流行。张衡是主张浑天说的，他试图从哲学的高度全面阐述天地的生成和结构，解释日月星辰的本质和运动。《灵宪》便是张衡积多年的实践与理论研究写成的一部天文学著作，该书是古代中国天文学史上最杰出的天文学著作之一。

了不起的中国历史人物

## 科技先驱

在这本书中，张衡继承了春秋战国至汉代的唯物主义传统观念，论述了宇宙万物的起源，提出了"太始""太虚""太素""太气"等哲学概念。

他在书中提到，天地万物的起源，不是什么绝对理念，而是无形之类的"元"，也就是太始，一种未形成的"气"，是天地万物未形成以前的原始物质。太始是无形的，因此又称"气"为虚无或太虚。虚无是指无形无象的客观实在，是肉眼看不见的原始物质的存在形式。

张衡还把天地的形成划分为三个阶段。

第一个阶段称为"溟涬（míng xìng）"。在这个阶段里整个宇宙幽清玄静，"厥中惟'灵'"。所谓"灵"，是一种阴性的精气，看不出任何形象，也没有明显的运动，因此整个宇宙一片寂静。

第二个阶段称为"庞鸿"。经过很长很长的时间，从"灵"中逐渐生成各种不同的气。这些气互相混合在一起，"并气同色，混沌不分"。这些混沌弥漫的元气，自然还没有固定的形状，而且也分辨不出它们的运动速度。

第三个阶段称为"太元"。又是经过很长很长的阶段，那片混沌同色的元气发生了分离。清气向外，形成了圆球形而又不停运转的天；浊气向内，积淀而凝结成一个上面平而静止的大地。此后，天和地就结合在一起了，它们又

互相发生作用，于是，天上的日月星辰和地上的万事万物也就逐渐产生了。

他的这种从无到有、从小到大的宇宙生成理论，不但符合物质世界的发展规律，也符合物质不灭的先进定律。

张衡进步的宇宙观还表现在对谶（chèn）纬之学的批判上。当时流行的谶纬之学大多是方士、巫师和一些荒诞不经的内容，讲述了王朝兴衰和人事吉凶的符验和征兆，以及任意穿凿附会的说辞，严重地欺骗和迷惑着人民的思想。

公元133年，张衡向汉顺帝刘保呈递了《驳图谶疏》，驳斥了图谶的所谓"立言于前，有征于后"这一最具欺骗性的要害问题，他搜集了秦代至西汉的历史事实，非常有胆识地证明了世界上原本就没有图谶，图谶只是西汉末年方士、巫师编造出来的。

除此之外，张衡还科学地解释了日食和月食形成的原因。

他认为太阳可以发出强烈的光，而月亮和五星（即水星、金星、火星、木星、土星）都不能发光。只有当太阳将它们照亮时才能看见，所以会有月貌的变化。这是由于日、月、地相对位置改变造成的。当月亮正好从太阳和地球间经过时，不发光的月亮就能挡住太阳光，从而发生日食现象。而当地球运行到太阳与月亮之间时，地球会挡住太阳

科技先驱

光，便会发生月食现象。张衡在距今大约1800多年前就能科学地解释日食和月食的形成原因，的确令人钦敬。

## 不朽的发明

公元132年，张衡在太史令任上发明了最早的地动仪，称为候风地动仪。

据《后汉书·张衡传》记载，候风地动仪是用精铜铸造而成的，直径有八尺，样子像个大酒樽，上面还有篆体文字和山、龟、鸟、兽等图案作为装饰。候风地动仪的内部中央有根粗大的铜柱，铜柱周围伸出八条滑道，外接八条龙，龙嘴里都含着一枚铜丸，龙头下面则各有一只张着嘴巴的蛤蟆。如果发生地震，仪器外面的龙就会张开嘴巴，吐出铜丸，铜丸落入蛤蟆口中，发出巨响，守候机器的人就能第一时间得知发生地震的消息。地震发生时只有一条龙的机关发动，另外七个龙头丝毫不动。按照震动的龙头所指的方向去寻找，就能知道地震的方位。

曾经有一次，一条龙张开嘴巴，吐出了铜丸，但那条龙所指的方向并没有发生地震，有些人就说这候风地动仪根本没什么用。然而，几天之后，陇西发生地震，而陇西正在那条龙所指的方向，于是众人都为之折服。

了不起的中国历史人物

那么,"候风"是什么意思呢?

我国近代著名气象学家、地理学家、教育家竺可桢先生认为,"候风"是张衡发明的另一种仪器,叫作候风仪,样子像是衔花的鸟,可以依照鸟的指向测定风向,并以花转动的速度测定风速。他还写过一篇很有说服力的考证文章——《中国过去在气象学上的成就》,证明候风仪是一种测风向的仪器。

但也有学者对此进行了反驳,认为"候风"表示的是等

候传递地震的空气到来,张衡在地动仪前面加上"候风"二字,是对地震机理认识不足而产生的一个错误,是科技发展的局限性造成的。

此外,张衡还在西汉耿寿昌的基础上改进了浑天仪。为了创制一个比以前更精确、更全面的浑天仪,张衡先是用竹篾做了一个模型,叫作小浑。他在小浑上进行了一系列的试验,待数据准确后,才用铜做成了大仪,完成了最终的浑天仪。

在数学领域,张衡也有重要的贡献。他否定了古代对圆周率的粗疏认识,提出了"圆周率值为10的开方"这一新值,虽然结果比较粗略,却是中国第一个理论求得圆周率的方法,这给了祖冲之很大的启发。

## 文学艺术上的成就

张衡不仅是中国古代卓越的天文学家、地理学家、数学家,也是著名的文学家。他在诗赋方面卓有成就,并在中国文学史上占有不朽的地位。

十六七岁时,张衡离家外出拜师访友。从家乡一路抵达了长安。在长安时,他被骊山沮泉的美景深深触动,写下了一篇《温泉赋》,这是他少年时的佳作。

当他做了南阳郡守鲍德的主簿之后,对鲍德正直的品行和高尚的气节敬佩不已,又写下了著名的五言诗《同声歌》。在这首诗中,他将鲍德比作君子,表现了他对鲍德的感激和钦佩之情。

张衡还受老庄思想和《离骚》的影响,写过一篇骚体赋《思玄赋》,表达了自己理想得不到实现,宁愿云游上下四方的思想。

## 科技先驱

张衡最出名的作品莫过于《二京赋》，这是他游三辅时开始创作的一篇赋，历经十年才写完，可谓字字推敲，句句琢磨。《二京赋》由《西京赋》和《东京赋》两篇组成。《西京赋》主要讲述汉武帝的故事。汉武帝深受方士李少君和栾大的蛊惑，下令制作铜露盘，接天上落下来的雨水，然后和玉屑混合在一起饮用，想用这个办法来成仙。张衡严厉地批判了汉武帝的这种行为。同时，《西京赋》还真实地表现了市民的生活，尤其是广场上群众的娱乐、杂技、歌舞、幻术等。《东京赋》没有《西京赋》的批判锋芒，描写的是一个有礼制和法度约束的世界。张衡这样写，是在以东京的礼法批判西京的奢侈。

张衡还写过一篇歌颂家乡南阳的《南都赋》，这篇赋采用了"离辞连类"的方法，把南阳丰盛的物产和奇丽的自然景观描述得淋漓尽致。虽然其中难免含有夸张的语言叙述成分，但它贴近生活的艺术手法给人一种无比的亲切感。

张衡对史学也有着深入的研究，他在东汉安帝、顺帝时期两次出任太史令，曾上书指出司马迁的《史记》、班固的《汉书》中存在错误。可是，张衡的说法并没有得到应有的重视，相关的著述也大都散失了。

## 后世纪念

张衡多才多艺，在科学、哲学、史学、艺术、文学等领域都有相当深入的研究。中国现代著名文学家、历史学家郭沫若先生对张衡的评价十分中肯："如此全面发展之人物，在世界史中亦所罕见。"

1970年，国际天文学联合会将月球上的一座环形山命名为"张衡山"。

1977年，国际天文学联合会把太阳系中编号为1802的小行星命名为"张衡星"。

2018年，中国在酒泉卫星发射中心用长征二号丁运载火箭成功将电磁监测试验卫星发射升空，进入预定轨道，这标志中国成为世界上少数拥有在轨运行高精度地球物理场探测卫星的国家之一，而这颗卫星的名字就叫作"张衡一号"。

## /作品欣赏

### 归田赋

游都邑以永久，无明略以佐时；徒临川以羡鱼，俟 (sì) 河清乎未期。感蔡子之慷慨，从唐生以决疑。谅天道之微昧，追渔父以同嬉；超埃尘以遐逝，与世事乎长辞。

于是仲春令月，时和气清。原隰 (xí) 郁茂，百草滋荣。王雎鼓翼，鸧鹒 (cāng gēng) 哀鸣；交颈颉颃 (xié háng)，关关嘤嘤。于焉逍遥，聊以娱情。

尔乃龙吟方泽，虎啸山丘。仰飞纤缴 (zhuó)，俯钓长流；触矢而毙，贪饵吞钩；落云间之逸禽，悬渊沉之鲨鰡 (shā liú)。

于时曜灵俄景，系以望舒。极般 (pán) 游之至乐，虽日夕而忘劬 (qú)。感老氏之遗诫，将回驾乎蓬庐。弹五弦之妙指，咏周、孔之图书；挥翰墨以奋藻，陈三皇之轨模。苟纵心于物外，安知荣辱之所如？

# 祖冲之

姓名／祖冲之

朝代（时期）／南北朝

出生地／范阳郡遒县（今河北涞水）

出生时间／公元429年

逝世时间／公元500年

主要成就／计算出祖率，即圆周率，在数学方面作出重要的贡献

**祖**冲之是南北朝时期杰出的数学家、天文学家和机械发明家。他淡泊名利，潜心研究前人的学术成就，在数学方面作出了很多贡献，其中以对圆周率的计算最为著称，中外史书都有记载。他计算出的"祖率"是古代数学史上的一座丰碑。

**壹** 生于南北朝官宦家庭，博学多才，名声在外。

**贰** 被派往华林学省进行学术研究工作，成绩斐然。

**叁** 继承前人的思想，计算出圆周率。

**肆** 研制出精度非常高的指南车。

**伍** 编著出《缀术》和《大明历》。

## 天文历法世家

祖冲之,字文远,祖籍河北。西晋末年,中原战乱,大批流民南迁。祖冲之的先祖也在这一时期由河北迁居江南。由于家中几代成员大都对天文历法有所研究,使得祖冲之很小的时候就有机会接触到天文和数学知识,极大地培养了他在这些方面的探索兴趣,对他的一生产生了巨大的影响。

青年时,祖冲之就因为博学多才,名声在外,宋孝武帝听说后,派他到华林学省进行学术研究工作。凭借有利的研究条件,祖冲之开始了更加深入的探究和学习,他不仅继承了前人在数术、天文等方面的经典论著,还在此基础上对前人的学术观点提出了自己的质疑,并在不懈的学习、钻研和探索中取得了重大的成功。

## 祖率

在所有简单的几何图形中,我们的祖先很早就认识了

## 科技先驱

圆。但是，如何求圆的周长呢？这个问题一直困扰着古人。我们知道，由直线组成的几何图形的周长比较容易计算，只要把各边长用尺子量出来，再加起来就行了。可是，圆周是弯曲的，直尺无法与它吻合，这该怎么办呢？

## 了不起的中国历史人物

古人想了个好办法，用绳子绕圆一圈，再把绳子拉直去量它的长度。古人还发现，圆周的长度总是圆直径的三倍多一点，而且不管圆的大小如何，这个比值都是固定的。这个圆周与直径的比率就叫"圆周率"（一般用 π 来表示）。但是，想要求出圆周率的精确数值，可不是靠拉绳子就能解决的，必须借助严格的数学推导。

中国古算书《周髀（bì）算经》中有"圆径一而周三"的记载，即取 π=3。汉代《九章算术》中有关圆的面积和圆柱、圆锥的体积仍然是用 π=3 来计算的。

西汉末年，刘歆为王莽制造了标准量器——新莽铜嘉量。从量器的铭文上记录的直径、深度和容积等数值可以推算出 π=3.1547。

东汉天文学家张衡曾用 $π=\sqrt{10}$（约3.1622）计算圆周率。

三国时期东吴的数学家、天文学家王蕃算出过 π=142÷45，即3.1555。东吴的另一位学者阚泽和南北朝时期的天文学家皮延宗也得出过类似的数值。

景元四年（公元263年），数学泰斗刘徽撰著《九章算术注》九卷，这是中国古代继《九章算术》之后的一部极其重要的数学著作。刘徽指出，沿袭已久的圆周率 π=3 是圆内接六边形的周长与圆直径之比，不够精确。他从直径

科技先驱

为两尺的圆的内接六边形开始，逐次加倍地增加边数，使它越来越接近圆，这样一直计算到内接正一百九十二边形。他得到的圆周率是157÷50，即3.14。结果不言而喻，对于圆周率的研究和计算，刘徽的数学思想表现出他高超的数学才能。

据推测，祖冲之继承了刘徽的思想，沿用了割圆求圆周率的方法，将内接正多边形的边数逐次增加，对圆周不断地分割下去，经过长时间细致地计算，得出了两个分数值表示圆周率，一个是22÷7，约等于3.14，被称为"约率"；另一个是355÷113，约等于3.1415926，被称为"密率"。

祖冲之提出的"密率"，在一千一百年后才由荷兰人安托尼兹提出，被称作"安托尼兹率"，因此，国际上曾提议将"圆周率"命名为"祖率"。

## 研制指南车

指南车是一种用来指示方向的车子，是中国古代的一项奇特发明。车中装有机械设备，车上装有木头人。车子在行驶之前，要先让木头人的手指向南方，之后无论车子如何转弯，木头人的手始终都会指向南方。

了不起的中国历史人物

## 科技先驱

相传，远古时代，黄帝与蚩尤作战就曾用指南车来辨别方向。东汉的张衡、曹魏的马均都制造过指南车。

义熙十三年（公元417年），东晋大将刘裕进攻长安时，获得了一辆后秦的旧指南车，但车里的机件已经丢失。车子出行时，只好在里面藏一个真人，让他根据司南的方位转动木头人，使它总是指向南方。

南朝齐王萧道成辅政，请祖冲之改进指南车。祖冲之经过精心的设计和反复的计算，成功制作出了自动离合的齿轮系统，精密度非常高，指示方向准确，达到了前所未有的水平。但令人遗憾的是，这台指南车早已失传了。

## 《缀术》和《大明历》

《缀术》是一部算经，汇集了祖冲之多年的数学研究成果。这本书内容深奥，以致"学官莫能究其深奥，故废而不理"，在当时是数学理论书籍中最难的一本。

唐朝时期，《缀术》被收入《算经十书》当中，成了国子监的算学课本。但在北宋时期亡佚，幸亏在《隋书》中还保存着他求出的圆周率，否则祖冲之的伟大贡献就会被历史彻底遗忘了。

《缀术》还曾流传至朝鲜和日本，在朝鲜、日本等国家

〔春秋〕鲁班　〔战国〕李冰　〔东汉〕蔡伦　〔东汉〕张衡　〔南北朝〕祖冲之　〔唐朝〕一行　〔北宋〕沈括　〔北宋〕毕昇　〔元朝〕郭守敬　〔明朝〕徐光启　〔明朝〕宋应星

的古代教育制度、书目等资料中都曾提到过《缀术》。

受祖父和父亲的影响，祖冲之还十分热爱天文历法，并进行了长期的天文观测活动。他发现，自己观察到的天象与前人论述的有所不同，回归年的长度比当时采用的四分历要小。经过进一步的研究，在得到充分的证实之后，他创造性地将"岁差"这个全新的概念引入到历法当中。

岁差是指地球自转轴的周期运转引起春分点逐渐向西缓慢运行，从而发生回归年要比恒星年短的客观事实。祖冲之编制的《大明历》将每45年11个月差1°的说法引入历法，并将一个回归年的长规定为365.2428日，这不但是中国古代历法史上的重要进步与改革，也是在南宋天文学家杨忠辅所著的《统天历》之前最客观、最符合实际的一个天文历法数据。

此外，祖冲之还改进了闰法，以3991年144个闰月取代旧历法中的19年7个闰月，这样更符合实际天象。同时，他精确计算出了木星公转周期和五大行星会合周期；尤其是计算的"交点月"日数（27.21223日）与近代所测得的日数（27.21222日）相当接近。

祖冲之一直想大力推行《大明历》，但并没有获得当时社会的认可和支持，直到他逝世十年后，《大明历》才被颁行，这应该是祖冲之最大的遗憾吧。

科技先驱

## 后世纪念

1967年,国际天文学家联合会把月球上的一座环形山命名为"祖冲之环形山"。

1964年,中国科学院紫金山天文台将国际永久编号为1888的小行星命名为"祖冲之星"。

## 知识链接

### 圆周率

圆的周长与直径的比值，一般用希腊字母 π 表示。圆周率是一个在数学及物理学中普遍存在的数学常数，它是一个无理数，即无限不循环小数。

圆周率在很早以前就被人类发现了。约产生于公元前1900年至公元前1600年的一块古巴比伦石匾上清楚地记载着圆周率等于25÷8，即3.125。同一时期的古埃及文物《莱因德数学纸草书》也表明圆周率等于九分之十六的平方，约等于3.1605。中国古算书《周髀算经》中有"圆径一而周三"的说法，即 π=3。

而在日常生活中，通常用3.14代表圆周率去进行近似计算。

2011年，国际数学协会正式宣布，将每年的3月14日设为国际数学节。

一行

姓名 / 一行

朝代（时期）/ 唐朝

出生地 / 魏州昌乐（今河南濮阳南乐县）

出生时间 / 公元 683 年

逝世时间 / 公元 727 年

主要成就 / 创制《大衍历》，对中国古代天文历法具有划时代意义

一行是中国历史上著名的天文学家和科学巨匠,他自幼通晓天文历法,博学多才,为人正直。后来,他经唐玄宗授意,主持修编新历,创制了唐代最先进的历法《大衍历》,成就彪炳史册。

**壹** 生于唐代,自幼聪慧,
博览群书,精于历象、阴阳五行之学。

**贰** 创作《太衍玄图》和《义诀》,
声名大振。

**叁** 避仕出家,潜心研究佛学和天文学。

**肆** 奉旨改创新历法,编纂《大衍历》。

**伍** 铸造黄道游仪、天文钟等仪器,
进行天文观测。

了不起的中国历史人物

## 拜师求学

一行，俗名张遂，是唐朝著名的天文学家。他的原籍有两处论说：《旧唐书》认为他是魏州昌乐县（今河南濮阳市南乐县）人；《高僧传》则认定他是钜鹿（今河北邢台市巨鹿县）人。张遂的曾祖是唐太宗李世民时期的功臣、襄州都督、郯国公张公谨。他的父亲张擅是武功县县令。张氏家族在武则天时代开始衰落，到张遂时家境十分贫寒，幸亏有邻里的好心接济，张遂才得以长大成人。

张遂自幼聪敏，记忆力超群，年轻时就已博览经史，擅长阴阳五行学说，精于历象。为了研究天文历法，他曾登门拜访京都长安城内有名的藏书家尹崇，向他求借西汉哲学家扬雄所著的《太玄经》。尹氏只借给他半个月，他就写成了《太衍玄图》和《义诀》各一卷。尹崇看后十分惊愕，称张遂是神童。一时间，张遂声名大振，惊动朝野。

此时，武则天的侄儿武三思把持朝政，为了巩固自己

## 科技先驱

的权势地位，他广交天下名流，还多次派人邀请张遂到自己的官邸，意图笼络张遂。可张遂一向为人正直，他非常鄙视武三思的所作所为，为了避开武三思的纠缠，便躲了起来。后来，张遂来到嵩山少林寺，落发出家，拜普寂和尚为师。落发前，普寂和尚曾劝张遂回朝做官，张遂却说："师父怎么能知道，我这一生只有出家为僧这一条路可行了！"普寂和尚看到他出家的决心，于是收他为弟子，并为他取了法号"一行"。

了不起的中国历史人物

普寂禅师一方面给一行传授禅法，一方面支持他研究天文学说。传说，一行和尚曾仿效周公垒土为圭，立木为表，设立观测装置，观察日影在一年四季中的变化，探究天体星宿的回环、运转和日月交替的运行规律。一年到头，一行从不间断观测研究。

一个寒冬的黎明，普寂禅师起得很早，他刚出房门，一行便来到他跟前，兴致勃勃地指着南边天上说："师父，您看参星的群落多像一个犁辕……"然后他又说，"每到

## 科技先驱

天将亮时,参星正午该种麦,辰星正午该过节(春节),这两句话对吗?"普寂禅师被一行苦心钻研历法的精神深深感动。后来,一行在研究历法时遇到关于天文、数学上的难题,普寂和尚都会给予有力的支持。

为了学习算法,一行还不远千里,跋山涉水来到浙江天台山国清寺,拜一位精于算术的隐名居士为师。在这位居士的指导下,一行在天文、历法、算术上有了更深的造诣,为日后编纂《大衍历》打下了基础。

## 《大衍历》

唐睿宗在位时,曾征召一行入朝,一行假称生病回绝了。开元五年(公元717年),唐玄宗特命一行族叔父张洽强行征召一行。一行无法推辞,只能应召来到长安,被安置在光太殿,担任皇帝的顾问。

开元九年(公元721年),由于李淳风的《麟德历》预报日食连连出错,唐玄宗决定诏一行改创新的历法。从此,一行就把时间和精力投入到了《大衍历》的编纂活动中。

从唐玄宗开元九年(公元721年)至开元十五年(公元727年),先后经过七年的时间,一行终于写成了《大衍历》。《大衍历》共分七篇,包括平朔望和平气、七十二候、

太阳和月球每天的位置与运动、每天见到的星象和昼夜时刻、日食、月食、五大行星的位置等。

《大衍历》对太阳周年运动的具体规律描述得比以往的历法更符合实际。一行认为，太阳在黄道上运行的速度不是均匀的，冬至时速度最快。以后就逐渐慢了下来，到夏至时最慢。

据此，一行纠正以往的历法，把全年平均分成24个节气，按不等的时间间隔来排列两个节气。这是中国历法上的重大改造和创新。该历法由开元十七年（公元729年）起施行，后代历法家都沿用这种方法来编写历法。

## 创制天文仪器

古时候，人们编纂一部新历法主要是修改一些历法要素或引进一些新观念，但一行并没有这样做，他着手制作了新的天文仪器，通过大量的天文观测，使得新历法建立在更科学的基础上。

唐玄宗开元十一年（公元723年），一行在画家梁令瓒的帮助下，用铜铁铸成了可以测量星宿运转和观察月球运行规律的"黄道游仪"。唐玄宗大加赞赏，还亲笔为黄道游仪题写了铭文。开元十二年（公元724年），一行等人在全

## 科技先驱

国范围内组织了天文测量活动,共设置了十二个观测点。一行根据实测数值归纳算出:北极高度差1°,南北两地相距351里80步(即现在的129.22千米)。这与现在的测量值有一些误差,却是世界上第一次用科学方法进行的子午线测量,这比阿拉伯天文学家花拉子米早了90年。

一行和梁令瓒等人还奉旨制作了浑天仪。浑天仪是中

〖春秋〗鲁班　〖战国〗李冰　〖东汉〗蔡伦　〖东汉〗张衡　〖南北朝〗祖冲之　〖唐朝〗一行　〖北宋〗沈括　〖北宋〗毕昇　〖元朝〗郭守敬　〖明朝〗徐光启　〖明朝〗宋应星

国古代研究天文现象的重要仪器，一行和梁令瓒等人在前人的基础上对浑天仪进行了改进和更新，制成了世界上最早的天文钟。

开元十五年（公元727年），一行在完成《大衍历》初稿后便与世长辞了，年仅四十五岁。

/知识链接

## 子午线

地球表面的某个点随地球自转所形成的东西走向的轨迹,称为纬线,而与纬线垂直,在地球表面连接南、北两极的半圆,称为经线,又叫子午线。

每一条经线、纬线都有其相对应的数值,称为经度、纬度。

地球上有一条天然的零度纬线,同时也是最长的纬线——赤道。

有零度纬线,自然就有零度经线,但零度经线并非天然存在的,而是地理学家们为了确定地理经度和协调时间的计量而人为建立的参考标准。那么,这个标准又是怎么确立的呢?

其实,最初的零度经线是各国根据实际需求而自行设置的,没有统一的标准,这样的局面非常不利于地理学的发展。于是,在1884年召开的国际子午线会议上,经各国商讨后,决定将直穿伦敦格林尼治天文台旧址的子午线作为零度经线,又叫本初子午线或格林尼治线。至此,零度经线最终确立,并得到了大多数国家的承认。

沈括

姓名／沈括

朝代（时期）／北宋

出生地／浙江钱塘（今浙江杭州）

出生时间／公元1031年

逝世时间／公元1095年

主要成就／编著《梦溪笔谈》，树立了中国古代科学技术史上的一座里程碑

**沈**括，字存中，中国北宋时期卓越的科学家和政治家。他在天文、历法、数学、物理、地学、生物、化学、医药、水利、兵工、冶金、建筑、文史、乐律等领域都有很高的造诣。沈括晚年所著的《梦溪笔谈》更是概括了他一生对科学技术等方面的深刻见解。

**壹** 生于北宋官宦世家，自幼勤奋好学，阅读广泛。

**贰** 主持编修新历法，编成并颁行《奉元历》。

**叁** 首次提出"石油"的名称，并以石油制墨。

**肆** 在数、理、化、医、地质、军事等方面均有建树。

**伍** 隐居梦溪园，创作《梦溪笔谈》。

## 政治生涯

沈括生于北宋时期的一个官宦之家。他的祖父曾任大理寺丞,外公许仲容曾任太子洗(xiǎn)马,父亲曾在泉州、开封、江宁等地做过地方官,舅舅许洞是咸平三年(公元1000年)进士。沈括自幼勤奋好学,在母亲许氏的教导下,十四岁就读完了家里的藏书。

由于父亲曾在南北多个城市任职,所以沈括跟随父亲到过很多地方,他深入社会,了解了人民的实际生活和生产情况,同时表现出了对大自然的强烈兴趣和敏锐观察力。

二十四岁的沈括凭借父亲的爵位入仕,历任海州沭阳主簿、扬州司理参军、河北西路察访使、鄜(fū)延路经略安抚使等职,涉及文学、财经、政治、科技、军事等领域,足迹遍及全国各地,这些仕途的经历为他以后的丰功伟绩奠定了基础。

沈括晚年因永乐城之战失败而遭到贬官,开始重新审视自己的政治生涯。宋哲宗元祐三年(1088年),沈括举家搬迁到润州(今江苏镇江东郊),开始隐居生活,并专心

## 科技先驱

于学问，全力著书立说，完成闻名中外的科学巨著《梦溪笔谈》。

宋哲宗绍圣二年（1095年），沈括因病去世。

沈括一生的大部分时间都在从事政治活动，他曾代表北宋出使大辽，到达大辽的都城上京（今内蒙古巴林左旗）处理边界交涉，并且留下了详细的文字资料，他的《熙宁使虏图抄》对于行程、住宿、山川等记载得非常详细；他也曾坐镇陕西与西夏作战，建立了不可磨灭的功绩。他还曾积极从事兴修水利、监制军器、改造观象仪器、主管财政等事务。

沈括是一个热心为国、体察民间疾苦、文武兼备、有担当的政治活动家。

## 科学成就

沈括是北宋时期卓越的科学家，他在科学上的成就源于他勤于思考、善于观察的工作方式。

有一年四月，沈括进山游玩，发现山下的桃花早已凋谢，山里的桃花却开得十分繁盛，这一反常的现象让他想起了唐代大诗人白居易写的那两句诗，"人间四月芳菲尽，山寺桃花始盛开"。过去许多人都认为白居易写错了，理由

是这首诗写于唐宪宗元和十二年（公元817年）四月九日，那时桃花早就凋谢了。可现在，沈括亲眼见到山中四月盛开的桃花，于是陷入深深的思考。

经过对山上山下自然环境的对比，他发现植物开花的时间与地势和温度有关，山上地势高、气温低，所以植物开花迟，由此他得出了"此地气之不同也"的结论。沈括处处细心观察，得出了许多深刻而独到的见解。

有一年，沈括奉命率兵去延州打仗，他发现延州境内有一种神奇的物质，这种物质产于水边，与砂石和泉水混

## 科技先驱

杂在一起，从地下时断时续地涌出来，样子有点像油漆。当地人把这种物质称为高奴脂水，他们用野鸡尾毛将它沾取出来，采集到瓦罐里，然后用火点燃，这种物质就会冒出浓烟，时间久了，沾上浓烟的帐幕都会变成黑色。

沈括觉得很神奇，觉得这是一种很有价值的东西。经过反复实验，他用这种物质成功地制作出了油墨，甚至比松墨的质量还要好，于是开始大量制造。后来，他首次将这种物质命名为"石油"，并留心记下了民间开采、使用石油的全过程。

更为可贵的是，油墨的诞生，促使沈括进一步提出了环境保护、合理利用森林资源的问题。北宋时，有些地方的森林，尤其是太行山东西两侧地区的森林被大量砍伐用于制作松墨，木材濒于枯竭。当时很少有人关注这个问题，而沈括深刻地认识到了森林枯竭的严重后果，因此他倡导用油墨取代松墨，减少对森林的过度砍伐。

沈括还善于进行科学实验，用事实揭示自然的本质及其规律。沈括精心设计了一个声学共振实验：剪好一个小纸人，把它放在基音弦线之上，拨动相应的泛音弦线，纸人就会跳动；拨动别的弦线，纸人就不会动。沈括把这种现象叫作"应声"。用这种方法显示共振是沈括的首创。在西方，直到十五世纪，意大利人才开始做共振实验。

了不起的中国历史人物

# 稀世全才

沈括是世间少有的全才,他不仅醉心科学,还对儒家典籍、天文、地理、医学、律历、兵法、方志、音乐等都有着浓厚的兴趣,他勤学好问,善于钻研,在诸多方面均有建树,可谓成绩斐然。

熙宁五年(1072年),沈括兼任太史令兼管司天监,职掌观察天象,推算历书。他发现《大衍历》沿袭至宋已落后实际天象五十余刻,于是破格提拔精于历术的卫朴进入司天监,主持编修新历法。熙宁八年(1075年),《奉元历》编成并颁行。

沈括在中国乃至世界数学史上都占有重要的地位,他从实际计算的需要出发,创立了"隙积术"和"会圆术",并进一步研究了《九章算术》中的等差级数问题,在中国古代数学史上开辟了高阶等差级数研究的方向。

沈括在物理学领域的成就主要集中在对光学和磁学的研究上。例如,为了解释月亮的盈亏现象,沈括做了模拟实验:他把一颗弹丸的表面一半涂上白色粉末,然后从侧面观察弹丸,涂粉的部分好像是弯钩;如果正对着弹丸,涂粉的部分看上去就像是正圆,月亮的盈亏现象就这样直观地演示出来了。他还发现磁针有指南、指北的差别,进

## 科技先驱

而推断出这种差异可能是由于磁石的不同性质造成的。

沈括在地质学方面也有许多卓越的论断。他准确论述了华北平原的形成原因：根据河北太行山山崖间有螺蚌壳和卵形砾石的带状分布情况，推断出这一带是远古时代的海滨，而华北平原是由黄河、漳水、滹（hū）沱河、桑干河等河流携带的泥沙沉积形成的。元祐二年（1087年），在查阅了大量的档案文件和图书，经过了近十二年坚持不懈的努力后，沈括终于完成了奉旨编绘的《天下州县图》。这是一套大型地图集，共二十幅，其中大图一幅，小图一幅，各路图十八幅（按宋朝行政区域划分，全国分为十八路）。其图幅之大，内容之详，可谓中国制图史上的巨作。

沈括也精通医药学和生物学。沈括自幼体弱，经常需要服食中药调理身体，再加上钱塘沈氏有收集药方的传统，受家学传统的影响，沈括便对医学产生了浓厚的兴趣，并且开始钻研医学。他搜集了很多要方，治愈过不少生命垂危的病人，还编撰过两本医药学著作《良方》和《灵苑方》。同时，他的药用植物学知识也很广博，而且他能从实际出发，辨别真伪，纠正古书上的错误。

沈括始终坚持认真严谨的治学态度，在许多领域都有辉煌的建树，是中国古代最伟大的科学家之一。日本著名数学史家三上义夫曾给予沈括很高的评价，他说，像沈括

这样的全才，日本没有，世界少有。

## 《梦溪笔谈》

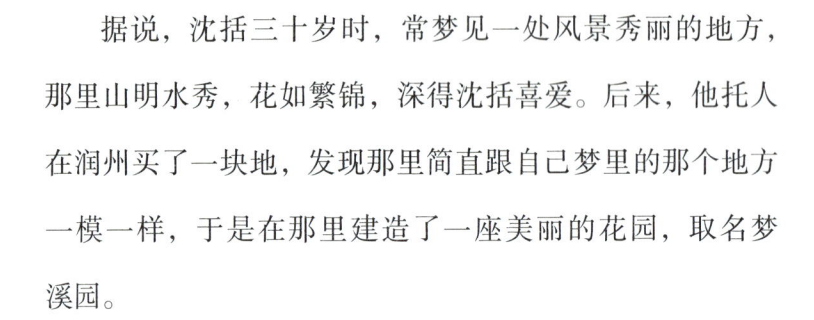

据说，沈括三十岁时，常梦见一处风景秀丽的地方，那里山明水秀，花如繁锦，深得沈括喜爱。后来，他托人在润州买了一块地，发现那里简直跟自己梦里的那个地方一模一样，于是在那里建造了一座美丽的花园，取名梦溪园。

元祐三年（1088年），沈括举家搬迁至梦溪园，开始隐居。在梦溪园居住的日子里，沈括将平时的所见所闻编成文字，汇集成了一本综合性的著作——《梦溪笔谈》。

这本书虽然起名为笔谈，但其实这是一本内容十分丰富的学术著作，里面包括了沈括毕生研究的科学成果。

《梦溪笔谈》共有30卷，其中《笔谈》26卷，《补笔谈》3卷，《续笔谈》1卷。《笔谈》又分为故事、辩证、乐律、象数、人事、官政、权智、艺文、书画、技艺、器用、神奇、异事、谬误、讥谑、杂志、药议17类。全书共计条目609条，其中属于人文科学，例如人类学、考古学、语言学等方面的，约占全部条目的18%；属于自然科学方面的，约占全部条目的36%，其余人事资料、军事、法律及杂闻轶事等方面

科技先驱

的条目约占全书的46%。

《梦溪笔谈》的内容涉及范围广泛，除了沈括自己的研究成果之外，书中还记载了古代劳动人民对科技发展作出的贡献，它对各行各业的详细记述，使劳动人民的丰功伟绩得以保存并流传下来。

二十岁时，沈括在钱塘老家见到了毕昇制作的用于印刷的活字，并被这种全新的印刷方法深深吸引。在好奇心的驱使下，他观看了印刷的全过程，对印刷工艺和设备做了细致的观察和记录，并完完整整地写进了《梦溪笔谈》中。

沈括还记录了民间匠师喻皓的建筑成就和他的专著《木经》，记录了河工创造的合龙堵口（修筑堤坝或桥梁时，从两端开始施工，最后在中间接合，称作"合龙"或"合龙门"；堵口，即堵住决口），记录了天文数学家卫朴主持修订历法的事迹，以及许多无名英雄在生产实践中取得的宝贵经验等。

《梦溪笔谈》所记载的内容反映了当时最新的科学技术水平，因此，二十世纪英国著名的科学史专家李约瑟博士称《梦溪笔谈》为"中国科学史上的坐标"。

## /作品欣赏

### 李遥买杖

随州大洪山人李遥，杀人亡命。逾年，至秭(zǐ)归，因出市，见鬻(yù)柱杖者，等闲以数十钱买之。是时，秭归适又有邑民为人所杀，求贼甚急。民之子见遥所操杖，识之，曰："此吾父杖也。"遂以告官司。吏执遥验之，果邑民之杖也。榜掠备至。遥实买杖，而鬻杖者已不见，卒未有以自明。有司诘其行止来历，势不可隐，乃通随州，而大洪杀人之罪遂败。市人千万而遥适值之，因缘及其隐匿，此亦事之可怪者。

**译文**：随州大洪山有个叫李遥的人，他杀了人逃到了外地。第二年，李遥来到秭归，见集市上有人在出售拐杖，因为价钱便宜，就用几十枚铜钱买了下来。这时，城中恰好又有一个人被杀，官府正在全力搜捕凶手。被害人的儿子看到李遥手里拿着的拐杖，喊道："这是我父亲的拐杖。"便向衙门报了案。衙役们把李遥抓来，经验证，那拐杖果然是被害人的。于是对李遥进行了严刑拷打。拐杖确实是李遥花钱买的，可卖拐杖的人早就不见了，李遥无法自证清白。官府又对李遥进行了审问，问李遥是哪里人，李遥知道瞒不下去了，只好老老实实地坦白。秭归县衙与随州地方官府取得联系后，确认此人就是大洪山杀人潜逃的嫌犯，于是大洪山杀人案告破。秭归集市上的人有千千万万，可李遥偏偏遇到了卖拐杖的人，还因此牵扯出了他的过去，导致罪行败露，这件事可真是蹊跷啊。

**毕昇**

姓名 / 毕昇

朝代（时期）/ 北宋

出生地 / 淮南路蕲州蕲水县（今湖北黄冈）

出生时间 / 公元 972 年

逝世时间 / 公元 1051 年

主要成就 / 发明了活字印刷术，对人类文明和社会发展作出了巨大贡献

**毕**昇的身世历来争议不断，但可以确定的是，他在常年的印刷实践中，认真总结了前人的经验，发明了活字印刷术。活字印刷术的发明是印刷史上的一次伟大的技术革命，比欧洲古登堡的活字印刷早了大约400年。

**壹** 生于北宋，身世待考证。

**贰** 认识到雕版印刷的局限性，发明活字印刷术。

**叁** 是世界上最早发明活字印刷术的人。

**肆** 活字印刷术最先传到朝鲜，称为"陶活字"。

**伍** 加快了思想的变革，促使了文艺复兴运动的到来。

## "布衣"毕昇

关于毕昇的身世,历来都是一桩"悬案"。

宋代科学家沈括所著的《梦溪笔谈》卷十八《技艺门》中完整地记载了活字印刷的工艺,但对毕昇的描述只有只言片语,而这却是历史上唯一有关毕昇的文字记载。

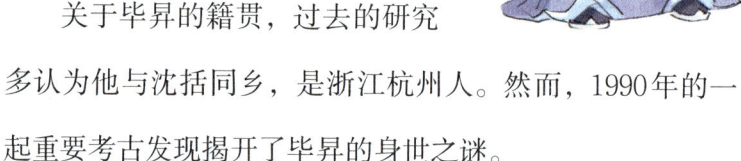

关于毕昇的籍贯,过去的研究多认为他与沈括同乡,是浙江杭州人。然而,1990年的一起重要考古发现揭开了毕昇的身世之谜。

当时,考古队员在湖北省英山县睡狮山毕昇坳发现了毕昇及其妻李氏合葬的墓碑——"故先考毕昇神主、故先妣李氏妙音"碑。根据对毕昇及其妻李氏合葬墓碑的研究,相关研究人员对毕昇的籍贯、身份、生卒年月等有了新的认识,认为毕昇祖籍湖北英山县,但在浙江杭州从事刻书业,胶泥活字印刷术就是他在杭州工作期间的发明,毕昇死后归葬于祖籍湖北英山,并立下此墓碑。

1996年4月26日《人民日报》发表消息,确认了考古专家的最终结论:此墓为宋朝庆历中胶泥活字印刷术发明

科技先驱

者毕昇之墓，毕昇正是湖北省英山县人氏。与此同时，中国印刷博物馆也在对毕昇的文字介绍中写明他是湖北英山人。

关于毕昇的身份，根据沈括的记载，毕昇的身份是"布衣"，而布衣是一种相当宽泛的称谓，泛指一切平民，这只能说明毕昇不是官人。

近代学者王国维认为毕昇是一个锻工，而法国汉学家茹连认为毕昇是一个铁匠，《大英百科全书》中将毕昇定义为一个炼金术士，也有人认为，毕昇可能是当时杭州的一个刻工。不过，按照沈括的记述，泥活字排版印刷技术较为复杂，要想在十一世纪发明胶泥活字是一件极为艰难的事情，如果毕昇仅是一名刻工，恐怕难以承担得起研究的费用和时间。合乎情理的推测是，毕昇很可能是一间书坊的主人。

## 泥活字印刷术

宋代是中国历史上一个典雅的朝代，当时的社会经济空前进步，文化生活丰富多彩，这为科技发展提供了一个良好的社会环境，也为毕昇发明泥活字印刷术提供了文化基础。

在印刷术发明之前,知识的传播主要靠大家借阅传抄,这样既费时间,又容易出错。随着经济文化的不断发展,尤其是科举制度的推行,读书人对儒家经典的需求急剧增长,加之广大民众对书籍的渴求,雕版印刷术应运而生。

雕版印刷多是在枣木板或梨木板上先刻上反写的字或者图画,之后在凸起的线条上涂上黑墨,再铺上纸,用棕刷在纸上刷印,最后装订成书。雕版印刷术的发明使书籍由手抄进入印刷时代。

北宋庆历年间是雕版印刷的黄金时代。由于政治和文化的需要,宋代的刻书事业逐渐兴盛发达起来,出现了许多刻书机构、单位和个人,官刻私雕同时并举,在全国形成庞大的刻书网,刻印了大量的书籍,使整个社会的雕版印书事业呈现空前的繁荣。同抄书相比,雕版印刷可以满足大批量的需求,省时省力,但雕版印刷也存在着明显的缺陷,虽比抄写方便,但印一页就必须雕一版,刻一部大书,往往要费几十年功夫,费用巨大,如《开宝藏》就雕了13万块版,现存的《高丽藏》雕了81258块版。

作为一名书坊主人,毕昇认识到了雕版印刷术的局限性,于是发明了泥活字印刷术,这是对印刷术的重大创新。

根据沈括在《梦溪笔谈》中的记载,我们可以大体还原毕昇泥活字的工艺和使用流程:首先在胶泥上将字分别刻

## 科技先驱

好，再通过火烧，使刻字的泥块变硬。之后用一块带框的铁板作底托，上面敷一层用松脂、蜡和纸灰混合制成的药剂，然后把需要的胶泥活字拣出来一个个排进框内。排满一框就成为一版，再用火烘烤，等药剂稍微融化，用一块平板把字面压平，药剂冷却凝固后，就成为版型。印刷的

时候，只要在版型上刷上墨，覆上纸，加一定的压力就行了。为了可以连续印刷，就用两块铁板，一版加刷，另一版排字，两版交替使用。印完以后，用火把药剂烤化，用手轻轻一抖，活字就可以从铁板上脱落下来，再按韵放回原来木格里，以备下次再用。

## 科技先驱

毕昇发明的泥活字印刷术与后来的铅字排印的原理基本相同,包括活字制造、置范、排版、固版、上墨、刷印、拆版、贮字和检字等工艺过程。泥活字印刷工艺简单,使用方便,缩短了制版时间,节省了印刷费用,是印刷技术史上一项重要的成就。

毕昇去世后,这套胶泥活字被沈括的子侄辈获得。他们可能也印过一定数量的书。沈括在《梦溪笔谈》中对毕昇"活版"做了明确记载,为活字印刷术的广泛传播立下了不朽之功。

南宋光宗绍熙四年(1193年),著名政治家、文学家周必大在潭州用活字方法刊印了他的《玉堂杂记》一书。元代的杨古也用泥活字印过朱熹所著《小学》和《近思录》。清代安徽泾县人翟金生也仿效毕昇的方法,花了三十年心血,做成了坚固如牛角的泥活字十万多个,印成《泥版试印初编》等五部书,他的泥活字现在仍存于世。北京印刷学院一个科研课题小组用了两年多时间,于2005年初按毕昇原法成功研制活字三千多枚,并印刷了具有纪念、收藏和研究价值的经折装宣纸印本《毕昇泥活字版印实证研究》。

尽管毕昇之后,元明清各代都对毕昇的活字印刷术做了技术上的改进,但都未能普及使用,在西方近代机械化铅印术传入中国并完全取代中国传统的印刷术之前,雕版

印刷术一直是中国印刷术的主流技术。

## 活字印刷术的传播

欧洲一般认为,德国人约翰·古登堡是最早发明活字印刷术的人。但是,以世界的眼光来看,中国宋代的毕昇在庆历年间发明的活字印刷术比古登堡大概早了400年,所以说毕昇是世界上最早发明活字印刷术的人。

毕昇发明的活字印刷术最先传到朝鲜,称为"陶活字",之后通过使节、留学生、商旅等传播到日本、东南亚各国。

十五世纪,活字印刷术传到欧洲,经过德国迅速传到了其他十多个国家。后来,西方印刷技术逐渐改进,出版物数量激增,形成了庞大的出版产业,加快了思想的变革,促使了文艺复兴运动的到来。

由此可见,毕昇的活字印刷术不仅为中国文化经济的发展开辟了广阔的道路,更是世界印刷史上的一次革命,对人类文明和社会发展作出了重大贡献,值得后人永远铭记。

/古文链接

### 梦溪笔谈·活板

板印书籍,唐人尚未盛为之。自冯瀛王始印五经,已后典籍皆为板本。

庆历中,有布衣毕昇,又为活板。其法:用胶泥刻字,薄如钱唇,每字为一印,火烧令坚。先设一铁板,其上以松脂、腊和(huò)纸灰之类冒之。欲印,则以一铁范置铁板上,乃密布字印,满铁范为一板,持就火炀(yáng)之,药稍镕,则以一平板按其面,则字平如砥(dǐ)。若止印三二本,未为简易;若印数十百千本,则极为神速。常作二铁板,一板印刷,一板已自布字,此印者才毕,则第二板已具,更互用之,瞬息可就。每一字皆有数印,如"之""也"等字,每字有二十余印,以备一板内有重复者。不用,则以纸帖(tiè)之,每韵为一帖(tiè),木格贮之。有奇字素无备者,旋刻之,以草火烧,瞬息可成。不以木为之者,文理有疏密,沾水则高下不平,兼与药相粘,不可取;不若燔土,用讫(qì)再火令药镕,以手拂之,其印自落,殊不沾污。

昇死,其印为予群从所得,至今宝藏。

# 郭守敬

姓名／郭守敬

朝代（时期）／元朝

出生地／顺德邢台（今河北邢台）

出生时间／公元1231年

逝世时间／公元1316年

主要成就／创造性地兴修水利，创制《授时历》，革新传统的天文仪器

**郭**守敬是元代杰出的科学家，他在数学、天文、历法、仪器制造等领域取得了卓越的成就，他有二十多项发明创造，均遥遥领先于当时的世界水平，他的科技成就代表了中国传统科学的高峰。

**壹** 生于元代，少时便精通五经，熟知天文、水利技术。

**贰** 修浚西夏境内的古渠，成为探寻黄河源头的第一人。

**叁** 改治大运河，开挖通惠河，开凿白浮堰。

**肆** 创制《授时历》，并颁行全国。

**伍** 改革传统天文仪器，制造了简仪和仰仪。

## 少有才学

郭守敬，字若思，顺德邢台（今河北邢台）人，从小跟随祖父郭荣长大。郭荣是金、元之际一位颇有名望的学者，在他的悉心教导下，郭守敬年纪轻轻便精通五经，熟知天文、算学，并且非常擅长水利技术，动手能力也很强。

据说，郭守敬在十五六岁时，曾根据书上的一幅插图，用竹篾扎制了一架测天用的浑仪，还根据一幅拓印的石刻莲花漏图，弄清了这种可以保持漏壶水面稳定、在当时颇为先进的计时仪器的工作原理。

有一年，忽必烈的重要谋士、学者刘秉忠为父守丧，在邢台西南紫金山讲学。郭荣与刘秉忠是好友，在得知刘秉忠在紫金山讲学的消息后，便将郭守敬送到刘秉忠门下深造。刘秉忠精通经学和天文学，他的教导对郭守敬日后的科学创造产生了重要的影响。

郭守敬二十岁那年，邢州新任官员决定开挖河道，兴修水利，专门聘请郭守敬前来承担工程的规划设计。郭守敬利用家传绝学，通过精密的计算和测量，很快就弄清了

科技先驱

在战乱中被破坏的河道系统,并找到了被泥沙埋没了三十多年的邢州石桥的位置。随后,在他的指点下,仅用了不到四十天的时间,刑州城外北郊的潦水、达活泉和野狐泉就被疏通了,百姓也因此获得了生产和生活上的便利。金末元初的大文学家元好问还在《邢州新石桥记》中专门记载了这件事。

## 兴修水利

兴利除害,恢复生产,节省物力,服务于民,这是郭守敬从事水利工作的出发点。郭守敬一生大部分时间都在从事水利工程的建设工作。他在进行水利工程建设及治理江河大渠时,具有一种高瞻远瞩的意识,更有一种敢为人先的精神,创造了许多的奇迹。

1264年,郭守敬在中书左丞张文谦的领导和支持下,奉命修浚西夏境内的古渠。期间,郭守敬乘小船逆流而上进行科学考察,探寻黄河的源头,成为历史上探寻黄河源头的第一人,为后代治理、利用黄河奠定了基础。

在治理西夏的唐来渠、汉延渠等河道时,郭守敬坚决驳斥了当时流行的"旧渠已毁,须开新渠"的主张,提出"因旧谋新,更立闸堰"的观点,意思就是充分运用古渠已

了不起的中国历史人物

有的良好基础,把年久失修的古渠重新加以修复即可,没必要大兴土木,另外开凿渠道。就这样,不到一年的时间,郭守敬率领西夏百姓治理了唐来、汉延等大小支渠68条,使西夏重现了"塞北江南"的景象,西夏百姓还特地在唐来渠首建造了一座生祠(中国古代为纪念官员的功德,在其生前所立的祠庙),并立碑铭刻其功绩。

1289年,京杭大运河山东段改造完成,大量江南货物通过漕船北上到达通州,但却无法直接通达大都(今北京)。如何解决漕运难题一时陷入僵局。经过实地勘查,1291年,郭守敬向元世祖忽必烈提出了许多新建议,第一

## 科技先驱

项就是新挖一条通州至大都的漕河。忽必烈看了他的建议后，很是赞许，特别重置都水监，由郭守敬担任领都水监事，负责主持修建工作。1292年春，运河工程开工。次年新开河渠全线竣工。忽必烈从上都（今内蒙古锡林郭勒盟正蓝旗草原）回到大都，路过积水潭，见到舳舻蔽水、盛况空前，非常高兴，取通达天下、惠及大都之意，赐漕河名为"通惠河"。郭守敬用自己的聪明才智和毕生精力实现了通漕大都的夙愿。

在开挖通惠河的旷世工程中，郭守敬为了解决大都与通州的落差问题，在40多里的通航水道上，根据不同的地形建造了24座闸坝，运用上下闸调节水量，实现了"节水行舟"。当今的三峡、葛洲坝航运都运用了这一工程原理。

另外，郭守敬还奇迹般地引昌平东南神山的白浮泉作为运河的水源，创造性地开凿了长约32公里的引水路线——白浮堰，解决了引水与防洪的矛盾，这与现今的京密引水路线相吻合，堪称水利史上的一大奇迹。

## 《授时历》的创制

《授时历》是郭守敬在天文学上最伟大的成就。

## 了不起的中国历史人物

当时，为了制定完整的新历，郭守敬促使元世祖成立了太史局，并在大才子王恂等人的帮助下，完成了测验、制仪等工作。但由于王恂英年早逝，一些理论归纳、适用数表及资料的整理、编写等工作都由郭守敬一手完成。

在郭守敬和王恂、杨恭懿等天文学者的不懈努力下，历经四年的时间，新历法终于修成，忽必烈亲自给它命名为《授时历》，并于至元十八年（1281年）颁行全国。

《授时历》在历法上有很多创新的地方，如废除遥远的上元积年的旧法，改用元世祖至元十八年（1281年）天正冬至（即至元十八年开始之前的那个冬至时刻，实际上在至元十七年内）为其主要起算点，然后推算出其他天文周期的起点与该冬至时刻的差距，称为"应"。《授时历》共有七应，形成一个天文常数系统，所有数据，个位以下尾数统一以100为进位单位，各种不同尾数的大小一目了然。

郭守敬在中国传统科学上所达到的成就，是中国历史上的一个重要标志。元初时，郭守敬上奏忽必烈，希望派人分路赶赴各地进行实地测量，了解日食和月食的时刻、各地昼夜长短的差距，以及日月星辰的位置等。忽必烈采纳他的建议，命人分路出发，在全国各地进行测绘，北起西伯利亚的叶尼塞河，南到西沙群岛，在全国设立27个观测站，史称"四海测验"。

## 科技先驱

郭守敬在测量天体时，十分重视数学方法的运用。他用创新的方法改善过去中国传统数学中的烦琐计算，运用科学合理的方法对天体运动、大地测量等进行科学的表述，使自己的数学研究取得了较大的突破。

郭守敬在对日、月、五星运动规律的精密测量中发现，

五星运动状况不是等速变化的，而是有盈有缩的，盈缩之差或由多减少，或由少渐多，用中国传统的一次差内插法和二次差内插法的公式不能准确地描述，于是他在隋代刘焯与唐代一行的二次差内插法的基础上，发明了三次差内插法，并用这种方法推算出太阳按日运行的速度和它在黄道上的经度，又推算出月球在近点月内按日运行的速度。

科技先驱

# 仪器制造

郭守敬改革了许多传统的天文仪器，为他以后在天文学上取得重大成就奠定了基础。其中最具代表性的仪器是简仪和仰仪。

简仪是由浑仪简化而来，所以称为简仪。

简仪是一种测量天体位置的仪器。简仪简化了圆环众多的传统天象观测仪器——浑仪，使它运转更灵便，互相不再遮挡视线；首创数学上的弧矢割圆法，使由赤道坐标推算出黄道与白道坐标成为可能，从而省去了浑仪中的黄道环与白道环；在简仪的赤道坐标装置中的赤道环与百刻环之间安置了四个短铜棒，使滑动摩擦变为滚动摩擦，滚柱轴承由此诞生；在简仪的底座水平设施的安装上新创了照准装置——窥衡界衡、环圆刻度，这些都提高了仪器安置的准确度和照准读数的精确度；在简仪中改变传统浑仪环圆的同心安置法，变为环心垂直安置法，既简便，又实用。

仰仪是一件铜制的半球形仪器，像一口仰放的大锅。半球口的沿上标有东西南北的方位和十二个时辰，在仪器的南部纵横放置了两个杆子，其中一根的末端延伸到半球的中心，顶部有一小方板，板的中央开有一个小孔。球的

内壁刻着坐标网络，观测时，太阳光通过小孔在球内壁上呈现一个倒像，由网格可以直接读取太阳时角坐标。遇到日食，仰仪可以测定初亏、食甚、复圆的时刻和方位，以及食分等。

郭守敬制造的仪器不仅在中国历史上登峰造极，而且在当时的世界也处于较高水平。明末来华的德国传教士汤若望见到郭守敬制造的仪器，称赞他是"中国的第谷"。而他比十六世纪丹麦著名天文学家第谷早了三个世纪。

为了纪念郭守敬的卓越贡献，1970年，国际天文学联合会将月球上的一座环形山命名为"郭守敬环形山"；1977年，中国科学院紫金山天文台将小行星2012号正式命名为"郭守敬星"，并将国家重大科技基础设施LAMOST望远镜命名为"郭守敬天文望远镜"。

## 知识链接

### 生　祠

生祠，旧时指为活人修建的祠堂。

祠堂这一名称最早出现于汉代，当时，祠堂均建于墓所，称为"墓祠"，是一种用于祭祀祖先的场所。

后来，随着儒家思想正统地位的确立，伦理观念、家族观念开始深入人心，一些大家族开始建立家庙。家庙的用途广泛，除祭祀祖先外，子孙办理婚、丧、寿、喜事务，祖亲商议族内重要事务等，也会在家庙进行。

宋代，理学家朱熹根据当时的社会习俗编著了《家礼》一书，书中始立祠堂之制，从此称家庙为祠堂。

生祠不同于一般的祠堂，它是为了纪念活人而建造的。有学者认为，西汉时期，百姓曾为燕相栾布、齐相石庆等人立生祠，此为立生祠之始。

唐朝时期，朝廷对于现任官员立碑或立祠有一定的限制，《唐律疏议》记载，官员无实绩而遣人立生祠或德政碑者，要受到"徒一年"的处罚。

明朝时期，宦官魏忠贤深受明熹宗宠信，专断国政，权倾天下，许多谄媚者或是畏惧其气焰者，纷纷为他设立生祠，称颂其功德。

中国现存最早的古典宗祠园林建筑群是位于山西太原的晋祠，是为了纪念西周时期晋国开国诸侯唐叔虞（后被追封为晋王）及其母后邑姜而建的。

# 徐光启

姓名／徐光启

朝代（时期）／明朝

出生地／松江府上海县（今上海徐家汇）

出生时间／公元1562年

逝世时间／公元1633年

主要成就／在数学、天文、历法、农学等方面颇有建树，著有《几何原本》《农政全书》等

**徐**光启是明代著名的科学家、政治家，他聪敏好学，勤奋著述，毕生致力于科学技术的研究，在数学、天文、历法、农学等方面均有建树。同时，他还是一位学贯中西的先行者，为十七世纪中西文化交流作出了重要贡献。

**壹** 生于明代，自幼受父亲影响，聪敏好学。

**贰** 向利玛窦学习西方科学知识，翻译《几何原本》。

**叁** 主持历法修订，关注水利设施，关心武器制造。

**肆** 在南方平原引种番薯，在北方旱地种植水稻。

**伍** 编著《农政全书》，为中国古代"四大农书"之一。

## 科举功名

徐家汇,上海近代化过程中的文化重镇,上海十大商业中心之一,它的形成可远溯至明代。

据说,著名科学家徐光启曾在此居住,从事农业实验,并著书立说。在他逝世后,他的后裔在此繁衍生息,逐渐成了一个大家族,而这座坐落于肇嘉浜、法华泾和漕河泾这三条重要河流交汇点上的小镇,也被当地人称为"徐家汇"。

其实,徐光启的祖籍原本是在河南,因为祖上南迁,才在上海定居了下来。在徐光启出生前的六七十年里,徐家经过了多次大的变动,家境开始衰落,生活也变得艰难起来。但好在徐光启的父亲博闻强识,对阴阳、医术、占候等都有研究,他的言传身教对徐光启钻研科学技术、重视实践活动产生了良好的影响。

青少年时代的徐光启聪敏好学、活泼向上,他文章写得好,字也写得工整、有章法,还善于填词作诗,深得老师喜爱。

## 科技先驱

1581年，徐光启考中秀才，开始在家乡教书，以求温饱。然而在这期间，家乡遭受的几次自然灾害，使得年轻的徐光启尝尽了生活的艰难。

1597年，屡试不中的徐光启再次入京应举人试，原本已经落选了，但主考官焦竑（hóng）无意中在落选卷中看到了徐光启的答卷，他非常赏识徐光启的才华，认为徐光启是"名世大儒"，便破格将其提拔成了第一名。就这样，徐

〔春秋〕鲁班　〔战国〕李冰　〔东汉〕蔡伦　〔东汉〕张衡　〔南北朝〕祖冲之　〔唐朝〕一行　〔北宋〕沈括　〔北宋〕毕昇　〔元朝〕郭守敬　〔明朝〕徐光启　〔明朝〕宋应星

光启幸运地通过了举人的考试。

可没过多久,焦竑被人弹劾,徐光启也未能考中进士,只好继续回到家乡课馆教书。

1604年,徐光启终于迎来了人生的重大转折,他考中了进士,开始步入仕途。然而,从二十岁中秀才开始,到四十三岁考中进士,科举的功名整整耗去了他二十三年的时光。

## 勇于向西方学习

1595年,徐光启在广东韶州教书期间,遇见了意大利人郭居静。

郭居静会说中文,能写汉字,他穿着中国士大夫常穿的"儒服",自称"西儒"——西方来的儒者。

在郭居静那里,徐启光第一次见到世界地图,发现在中国之外竟有一个那么广阔的天地,他第一次听说地球是圆的,听说有个叫麦哲伦的人乘船绕着地球转了一周,听说意大利科学家伽利略制造了一架天文望远镜,能清楚地观测到天上星体的运行。对徐光启来说,这一切都是闻所未闻的新鲜事,甚至有些不可思议。从此,徐光启开始接触西方近代的自然科学。

## 科技先驱

1600年,徐光启在南京见到了赫赫有名的利玛窦。

利玛窦也是意大利人,是一位博学的大家,在数学、物理学、天文学、医学方面都很有造诣。在欧洲,他称得上是一位无所不晓的"文艺复兴人"。

为了向中国人展示欧洲的文明水平,利玛窦带来了很多稀奇的物品,比如自鸣钟、西洋琴、地球仪、天球仪、罗盘、日晷等,这些在当时都是很少见到的新奇物件。

一时间,利玛窦的寓所成了大热门,士大夫们都想来拜访一下这位高鼻子"老外",时任国子监祭酒的焦竑曾带头与利玛窦论学,另一位狂放的思想领袖人物李贽也曾三次拜访利玛窦,对他大为敬佩。

徐光启虽然不是第一个造访"西儒"的人,但他意识到了西方文化中有很多先进的科学发展观念和教育理念,这些先进的思想促使他成为第一个立下坚定的志向,努力引进西方近代文明的人。

当时,利玛窦居住在北京南城宣武门内,徐光启便每天穿行于翰林院、利玛窦的住处和自己的住所之间,与利玛窦切磋学问。

有一次,徐光启问利玛窦:"到底是欧洲发达,还是中国先进?"利玛窦回答说:"中国的科学技术不够发达。"利玛窦发现,中国人读书"重文轻理"——重视人文学术,

## 了不起的中国历史人物

轻视自然科学。在交谈中，徐光启也意识到了这种差异，他觉得中国人的确需要向欧洲学习先进的科学技术。

1606年，徐光启请求利玛窦传授自己西方的科学知识，利玛窦非常爽快地答应下来，他用公元前三世纪左右希腊数学家欧几里得的著作《几何原本》作教材，开始为徐光启讲授西方的数学理论。

经过一段时间的学习，徐光启完全弄懂了欧几里得这部著作的内容，为它的基本理论和逻辑推理所深深折服，

## 科技先驱

认为这些正是我国古代数学的不足之处，于是决定将这本书翻译成中文。

当时，徐光启已经过了四十五岁，多少有些精力不济，利玛窦也已经五十五岁了，虽然他精通数学，但毕竟年事已高，况且欧几里得的这部著作是用拉丁文写的，要想翻译成中文，难度可想而知。

利玛窦告诫徐光启，翻译《几何原本》很困难，但徐光启坚定地说："读书人以无知为耻，数学在中国失传已久，既然今天遇见了肯教的老师，岂有学生畏难而退，致使学问再一次丢失的道理？我怕困难，困难就大；我不怕它，它自然就怕我。"

1606年冬天，《几何原本》的翻译工作正式开始进行——先由利玛窦逐字逐句地口头翻译，再由徐光启草录下来，译完一段后，徐光启再字斟句酌地作一番推敲修改，然后由利玛窦对照原著进行核对。遇有译得不妥当的地方，利玛窦就把原著再仔细地讲述一遍，让徐光启重新修改，如此反复。

利玛窦和徐光启确定的翻译思想非常高明，他们想尽量把"音译"和"意译"统一起来，后来清末的翻译家严复主张的"信、达、雅"就是受到他们翻译思想的影响。但想要把"音译"和"意译"统一起来是一件极其困难的事情，

有时为了确定一个译名，需要不断地琢磨、推敲，比如"平行线""三角形""对角""直角""相似"等名词术语，都是经过他们呕心沥血、反复推敲而确定下来的。

再比如书名中的"几何"一词，有学者认为，"几何"是用来翻译"Geometrie"中的"Geo"（形状学）一词的。按照明代的上海方言，"Geo"的发音跟"几何"很像，并且古人常用"几何"来表示对"数"的设问，比如"为欢几何"等。于是，"几何"这个名字被最终确定下来，并沿用至今。

1607年，《几何原本》前六卷在北京刊印，引起了巨大反响，成了明末数学工作者的一部必读书，对我国近代数学的发展产生了很大的影响。

徐光启有意翻译《几何原本》的后九卷，但他的计划还是因为种种原因而搁置了。直到1857年，《几何原本》的后九卷才被英国汉学家伟烈亚力和浙江海宁的数学家李善兰共同翻译完成。

徐光启最了不起的一点是他能够正视中国学术的不足，他并不认为学习西方的长处就会毁灭自己的文化。在十七世纪初的中国，徐光启是少数几个了解到世界大格局的士大夫之一。徐光启愿意正视西方文化，敢于接受思想挑战，他与利玛窦等欧洲学者相互切磋，将中西方文化融合会通，是"中西文化会通第一人"。

科技先驱

# 伟大的科学成就

除了翻译出版了《几何原本》外，徐光启在天文历法、农学、军事学等方面都有重大贡献。

在天文历法上，徐光启主持了历法的修订和《崇祯历书》的编译，引进了圆形地球、经度、纬度等概念，还参加了《测天约说》《大测》《日缠历指》《测量全义》《日缠表》等书的具体编译工作。

在农学方面，徐光启的贡献尤为突出。徐光启的家乡地处东南沿海，水灾和风灾频繁发生，这使得他总是密切关注着水利排灌设施及救灾救荒问题。

1608年，徐光启回上海守孝时开始引种番薯。此前，福建、广东、浙江人民在山区种植番薯，产量很高，亩产竟达数千斤。徐光启闻风而动，决定在平原地带引进这种来自拉美地区的高产作物。在守孝的三年时间里，徐光启和百姓一起总结出了"传种""种候""土宜""耕治""种栽""壅节""移插""剪藤""收采""制造""功用""救荒"等一整套做法，称为"松江法"。他还试着把水稻引种到华北平原，改进了水利灌溉和造肥施肥技术，解决了北方旱地水稻种植的难题，使得水稻在天津扎下了根。

徐光启这一生关于农学方面的著述很多，其中《农政

了不起的中国历史人物

全书》堪称代表。中国历史上有三部系统的农书——西汉的氾(fán)胜之有《氾胜之书》，北魏的贾思勰(xié)有《齐民要术》，元代的王祯有《农书》。徐光启编著的《农政全书》继往开来，与前三本一起被近代学者合称为中国古代"四大农书"。

在军事方面，徐光启非常关心武器的制造，尤其是火炮的制造和引进。他对火器在实践中的运用，比如火器与

### 科技先驱

城市防御、火器与攻城、火器与步兵骑兵兵种的配合等问题都有关注和探索。学术界有人认为，徐光启可以称得上是中国军事技术史上提出火炮在战争中应用理论的第一人。

【春秋】鲁班 【战国】李冰 【东汉】蔡伦 【东汉】张衡
【南北朝】祖冲之 【唐朝】一行 【北宋】沈括 【北宋】毕昇
【元朝】郭守敬 【明朝】徐光启 【明朝】宋应星

/ 知识链接

### 中国古代四大农书

中国古代四大农书指的是西汉氾胜之的《氾胜之书》，北魏贾思勰的《齐民要术》，元代王祯的《农书》，明代徐光启的《农政全书》。

《氾胜之书》是西汉农学家氾胜之编著的一部农学著作，被认为是中国最早的一部农书。氾胜之曾在陕西关中平原教民耕种，他在书中对黄河流域农业生产经验和操作技术做了总结，包括耕作的基本原则，播种日期的选择，种子的处理，个别作物的栽培、收获、留种和贮藏技术等。此外，书中提到的溲种法、耕田法、种麦法、穗选法等，都在不同程度上体现了科学的精神。

《齐民要术》是北魏农学家贾思勰所著的一部综合性农书，是中国现存最完整的农书，也是世界农学史上最早的专著之一。这本书系统地总结了六世纪以前黄河中下游地区劳动人民农牧业生产的经验、食品的加工与贮藏、野生植物的利用，以及治荒的方法等，对中国古代农学的发展产生了重大影响，被誉为"中国古代农业百科全书"。

《农书》是元代农学家王祯编著的一部对全国范围内的农业生产进行系统研究的综合性农学著作。王祯把教民耕织、种植、养畜所积累的丰富经验，与前人的相关著作相结合，兼论了南北农业技术，记述了土地利用方式和农田水利，并将农具列为本书的重要组成部分，不仅记载了当时通行的农具，还研究、绘制了已失传农具的复原图，是一本很有价值的书籍。

《农政全书》是明代农学家徐光启编撰的一部农业科学百科全书。徐光启以其多年从事农事试验的经验，极大地丰富了古农书中农业技术方面的内容，还用全书一半以上的篇幅，重点论述了农本、开垦、水利、荒政等和农业生产息息相关的政策内容，这使得本书以全面系统地总结了中国传统农业政策和科学技术而著称于世。

# 宋应星

姓名／宋应星

朝代（时期）／明朝

出生地／江西奉新（今江西奉新县）

出生时间／公元1587年

逝世时间／不详

主要成就／编创的自然科技百科类名著《天工开物》被誉为"中国十七世纪的工艺百科全书"

**宋**应星是一位百科全书式的学者，一生致力于对农业和手工业生产的科学考察和研究，且著述颇丰，作品涉及自然科学、政论、文学诗作、历史等十多个领域，其中《天工开物》是最为著名、影响最为深刻且现存于世的重要著作。

**壹** 生于明代书香世家，天资聪慧，有过目不忘之才。

**贰** 熟读经史子集，广泛涉猎农、医、历、算等著作。

**叁** 多次科举落榜，艰难入仕。

**肆** 编创《天工开物》，被誉为"中国最伟大的技术典籍"。

**伍** 百科全书式的学者，著述颇丰。

了不起的中国历史人物

## 过目成诵的"小神童"

宋应星，字长庚，生于江西奉新的一户书香世家。宋应星的曾祖父宋景是明孝宗弘治十八年（1505年）进士，曾担任河南道监察御史，山西副使，南京吏、工、兵三部尚书，左都御史等重要职位。宋应星的祖父宋承庆，少年有志，奋发进取，可惜去世较早，没有很大成就。宋应星的父亲宋国霖自小孤苦伶仃，由母亲和叔父抚养长大，他求学四十载，一生为秀才，自然也从未入仕。至此，宋家家道渐趋萧条。

宋应星天资聪慧，自幼喜欢读书，且有过目不忘的才能，很受老师和长辈的喜爱。据说，宋应星几岁就能背诵诗文典籍，还能写一手漂亮的应试体文章。因此，父亲让他和比他大十岁的兄长宋应升一起去私塾读书。

一天，宋应升早早地起来温习功课，背诵文章，宋应星却赖在床上，迟迟不肯起来。到了课堂上，先生照例抽查学生的功课，轮到宋应星背诵时，宋应升不由得为他捏了一把汗，可宋应星却不慌不忙地将文章流利地背诵了出

## 科技先驱

来。宋应升很是奇怪，宋应星说，你在那里背书，我躺在床上听着就记住了。

后来，宋应星考入本县县学，熟读了儒家经典和诸子百家。此外，他对天文学、声学、哲学及工艺制造学也很感兴趣，还广泛涉猎了农、医、历、算等科学技术著作。宋应星读书勤奋，善于思考，为他日后在自然科学和人文科学领域的深入研究打下了坚实的基础。

〔春秋〕鲁班　〔战国〕李冰　〔东汉〕蔡伦　〔东汉〕张衡　〔南北朝〕祖冲之　〔唐朝〕一行　〔北宋〕沈括　〔北宋〕毕昇　〔元朝〕郭守敬　〔明朝〕徐光启　〔明朝〕宋应星

了不起的中国历史人物

## 入仕之路

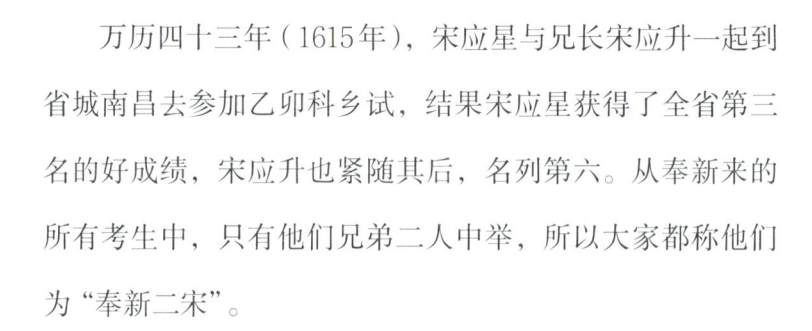

万历四十三年（1615年），宋应星与兄长宋应升一起到省城南昌去参加乙卯科乡试，结果宋应星获得了全省第三名的好成绩，宋应升也紧随其后，名列第六。从奉新来的所有考生中，只有他们兄弟二人中举，所以大家都称他们为"奉新二宋"。

乡试的成功让宋应星兄弟二人备受鼓舞，当年秋天，他们便动身前往京师，准备参加次年的丙辰科会试，结果

## 科技先驱

双双落榜。这结果倒也不是不能接受，毕竟会试的难度比乡试可不止高出一个等级。

为了备战下一次会试，宋应星兄弟二人前往大名鼎鼎的白鹿洞书院，拜在著名文学家、教育家舒曰敬门下进修。然而，万历四十七年（1619年），他们兄弟二人再次落榜。不仅如此，在之后的天启及崇祯初年的会试中，他们兄弟二人均以失败告终。至此，他们打消了科举的念头。

按照明代的科举制度，累试不第可以谒选授官，于是宋应升于崇祯四年（1631年）谒选，当上了浙江府桐乡县令，后来又因为政绩显著，被诰封为文林郎。而宋应星因为要回乡服侍老母，所以一直到崇祯七年（1634年）才得了个江西袁州府分宜县学教谕的职务，负责教授生员。在分宜县任教的四年，是宋应星一生中极为重要的一个阶段，因为他的主要著作大多发表于此期间。

崇祯十一年（1638年），宋应星升任福建汀州府理刑厅推官，掌管刑狱，两年后辞官归乡。

崇祯十六年（1643年），宋应星出任安徽亳州知州，但此时的大明王朝已经岌岌可危了，亳州也饱受战乱影响，官府没了升堂的地方，许多小吏也已经逃跑了。但宋应星决定坚守在这里，他努力重建了官府衙门，还新建了一所书院。

一年后，大明王朝覆灭，宋应星回乡隐居起来，没了消息。所以一直到现在，关于宋应星的去世时间也没有定论。

## 《天工开物》

宋应星才华过人，学识渊博，不仅在科学技术方面作出了杰出的贡献，在哲学及军事、政治、文学等许多领域都有独到的见解。

宋应星是一位百科全书式的学者，且著述颇丰，比如属于自然科学和技术科学领域的《天工开物》《观象》《乐律》等，属于人文科学的有《野议》《画音归正》《杂色文》《春秋戎狄解》等，介于上述两大领域之间的有《原耗》《卮言十种》等，属于文学创作的有《思怜诗》《美利笺》等。在这十余种作品中，《天工开物》是最为著名、影响力最大，且一直流传至今的。

《天工开物》成书于明末清初，是中国乃至世界科技史上的一部重要著作，为研究中国古代社会和科学技术提供了极有价值的资料。1928年，中国地质事业奠基人丁文江在《天工开物·跋》中写道："三百年前，言农工业书，如此其详备者，举世界无之，盖亦绝作也。"中国科技史家

## 科技先驱

英国人李约瑟博士则把宋应星称为"中国的狄德罗",称赞《天工开物》是"中国最伟大的技术典籍"。

宋应星勤于思考、注重实践。青少年时期,宋应星走访了南北各地的农田和手工作坊,将观察到的内容和思考所得做了详细的札记,还把各地生产操作的情景用图画记录了下来,保存了关于古代农业生产的直观镜像,这为《天工开物》的编创打下了坚实的基础。

《天工开物》分上、中、下三卷,每卷又分为六个部分,几乎包括了当时中国农业和手工业的所有生产部门,分别记载了中国古代饮食、衣服、染色、陶瓷、采矿、冶炼、兵器、车船、纸笔、墨砚、玉器等方面的原料种类、产地、生产工艺和技术设备,并配有大量的数据和百余幅生动形象的插图。

宋应星生活的年代,正处在中国帝制社会的末期,生产方式的转变使这一时期的思想家呈现出一种全新的面貌,宋应星便是当时启蒙社会思潮和科学思潮的代表人物。

宋应星认为,自然界以其本身固有的规律生生不息,而人工造物的过程应当类似于天工开物,理应不违反物质的本性,顺其自然,体现道的精神。宋应星把这些造物的内部动因看作自然力的作用,人的作用则表现在认识和利用自然力上,所以人在造物时不能过于张扬主观意志,必

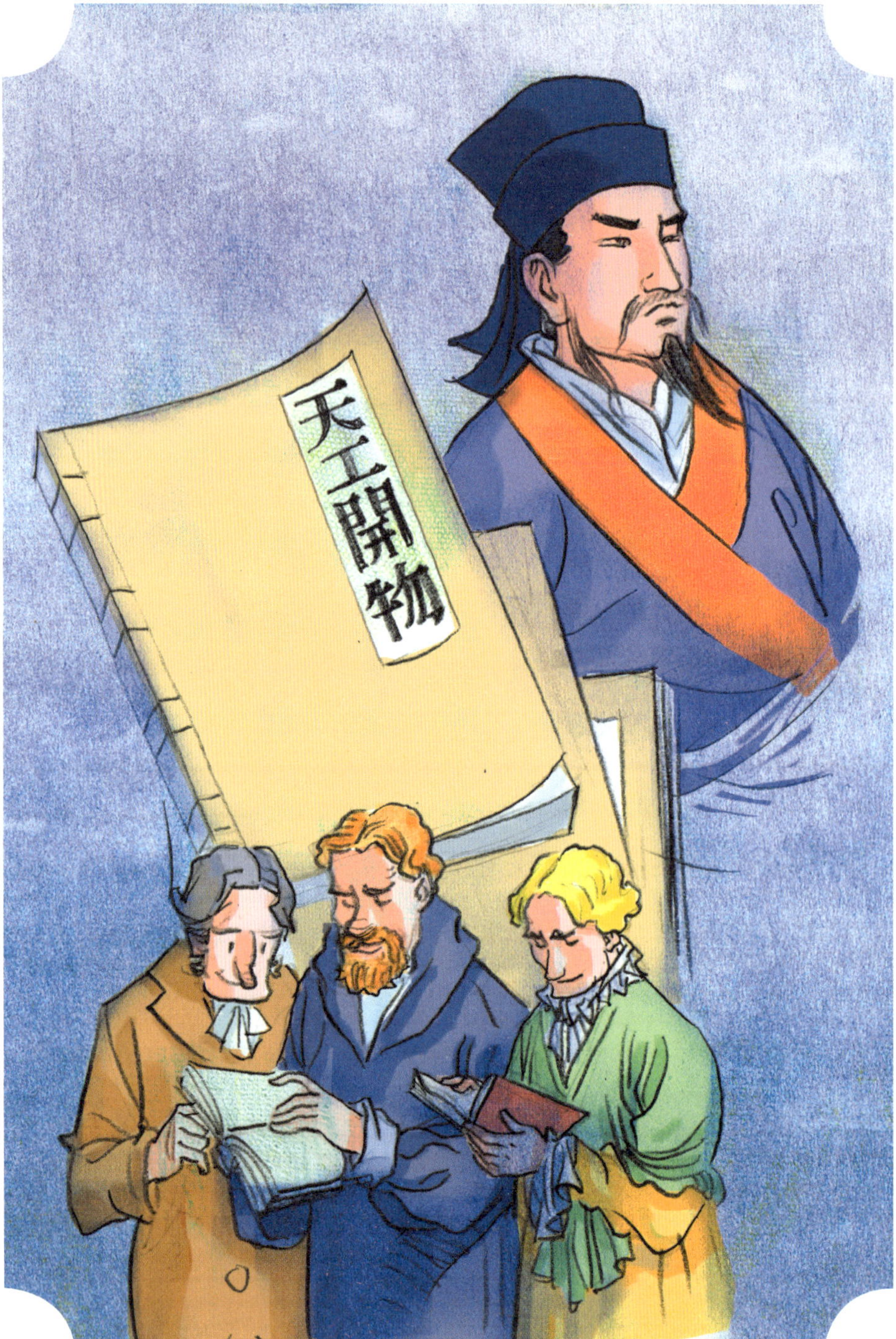
天工開物

## 科技先驱

须体会自然变化的原理，顺应自然规律，使人工造物与天工开物相和谐。

宋应星的技术思想体现了天人合一的观念，显示出了古人在自然面前的谦卑和取之有度的心态，这一宝贵的生态思想至今仍值得我们学习和借鉴。

《天工开物》最初刊印于崇祯十年（1637年），但直到近代才被广泛传播开来。而如今，《天工开物》受到了全世界的格外重视，被翻译成日、法、德、英、俄、希腊、阿拉伯、韩等不同国家的文字，成了世界科学技术史上的经典名作之一。

【春秋】鲁班　【战国】李冰　【东汉】蔡伦　【东汉】张衡　【南北朝】祖冲之　【唐朝】一行　【北宋】沈括　【北宋】毕昇　【元朝】郭守敬　【明朝】徐光启　【明朝】宋应星

## 知识链接

### 白鹿洞书院

白鹿洞书院坐落于江西省九江市庐山五老峰南麓，始建于唐代。

相传，唐贞元年间（公元785年前后），洛阳人李渤、李涉兄弟隐居庐山，养一白鹿自娱。此鹿通人性，常跟随左右，且能跋涉数十里，将李渤兄弟要用的书、纸、笔、墨等如数购回，故人称李渤为"白鹿先生"。唐宝历年间（公元825年前后），时任江州刺史的李渤在其隐居旧址建台，号为"白鹿洞"。

南唐时期，李善道、朱弼等人开始在白鹿洞讲学，称为"庐山国学"，又叫匡山国子监，与金陵国子监齐名。

北宋时期，官员孙冕之子孙琛在白鹿洞建房十间，称为"白鹿洞之书堂"，诗人郭祥正还为此写了一篇记文《白鹿洞书堂记》，可惜，没过多久，书堂便因战乱被毁。

到了南宋，理学家、教育家朱熹担任南康郡守时，查访了白鹿洞书堂旧址，将其翻修、扩建为白鹿洞书院，亲自主持教学，充实藏书，购置日产，还订立了著名的《白鹿洞书院教规》，吸引了大批学者前来讲学，使得白鹿洞书院名声大振，成了当时的最高学府之一，与河南睢阳的应天府书院、湖南衡阳的石鼓书院、湖南长沙的岳麓书院齐名，合称"中国古代四大书院"。

此外，白鹿洞书院还与江西吉安的白鹭洲书院、江西铅山的鹅湖书院、江西南昌的豫章书院，合称为"江西四大书院"。